세상에 대하여
우리가
더잘 알아야 할
교양

64

지은이 소개

지은이 고정욱

성균관대학교 국문과와 동 대학원을 졸업하고 박사 학위를 받았다. 어려서 소아마비를 앓아 1급 지체 장애인으로 휠체어를 타지 않으면 움직일 수 없다. 하지만 장애인과 더불어 살 수 있는 세상을 만들기 위해 진력하고 있다. 문화일보 신춘문예에 단편소설 《선험》이 당선되었고, 장편소설 《원균 그리고 원균》이 있다. 장애인을 소재로 한 동화를 많이 발표했다. 대표작으로 《아주 특별한 우리 형》《안내견 탄실이》《네 손가락의 피아니스트 희아의 일기》가 있다. 특히 《가방 들어주는 아이》는 MBC 느낌표의 '책책책, 책을 읽읍시다'에 선정도서가 되기도 했다. 최근엔 청소년 소설 《까칠한 재석이》 시리즈가 큰 인기를 얻고 있다. 현재 활발한 강연과 집필 활동을 계속하고 있다.

세 상에 대하여
우리가
더 잘 알아야 할
교양

고정욱 지음

64

은행의 음모

은행에 돈을 맡겨도 될까?

내인생의책

차례

※ 본문의 **굵은 글씨**로 표시된 단어는 97페이지 용어 설명에서 찾아보세요.

들어가며

돈이 많으면 행복할까요? 아니면 돈이 없어도 행복할 수 있을까요? 이런 상상을 해볼 수 있습니다. 길거리를 가다 친구 두 사람이 돈 2만 원을 주웠습니다. 경찰서에 돌려주자고 하는 친구와 그냥 나눠 쓰자는 친구가 티격태격합니다.

"돈은 이름표가 붙어 있지 않으니까 우리가 나눠 가지자."

"안 돼. 우리가 도둑이냐? 경찰에 돌려줘야 해."

"그런다고 주인이 찾아갈 수 없다는 걸 너도 알고 나도 알아."

두 친구는 계속 다툽니다. 다툼이 지나쳐 둘은 멱살까지 잡고 말았습니다. 두 아이가 싸우는 동안에 마침 지나가던 염소가 종이로 된 그 돈을 한입에 먹어치워 버렸습니다.

우리가 좋아하는 돈. 돈을 싫어하는 사람은 이 세상에 아무도 없습니다. 그런데 그 돈이라는 건 종이에 찍은 인쇄물에 불과합니다. 동전은 금속으로서의 가치가 좀 있을지 모르지만, 종이돈은 더더욱 가치가 없습니다. 몇천 원만 주면 5만 원짜리 수천 장을 인쇄할 수 있습니다. 먹을 수도 없고, 종이 접기 등을 하며 갖고 놀 수도 없고, 불을 때서 따뜻하게 지낼 수도 없습니다.

▌다량 인쇄할 수 있는 오만원권.

돈은 그저 사람들 사이의 약속 표시일 뿐입니다. 돈 말고 돌멩이를 돈이라고 약속하고 주고받으면 그게 또 돈이 됩니다.

과연 돈이 무엇이기에 사람들은 이렇게 돈, 돈 하는 걸까요? 어린이들의 꿈이 뭐냐고 물어보면 '돈 많은 백수'라든가 '건물주'라고 합니다. 그건 아이들조차 돈을 귀하게 여기며 많은 돈을 갖고 싶어 한다는 의미입니다. 모든 사람이 돈을 원하고, 돈이 많으면 행복할 거라고 생각합니다.

이토록 귀한 돈이지만 값어치는 오르기도 하고, 내리기도 합니다. 많이 가진 사람도 있고 적게 가진 사람도 있습니다. 어떤 사람은 앉아서도 돈을 벌지만 어떤 사람은 죽도록 돈을 모으려 해도 모으지 못합니다. 가난해서 헐벗은 사람들은 폐인이 되거나 심지어 자살하기까지 합니다. 편리하려고 만든 돈인데 왜 이렇게 우리의 삶을 억압하고 고통스럽게 하는 걸까요? 왜 행복해질 수 없는 걸까요?

그 이유는 은행의 음모가 돈의 뒤에 숨겨져 있기 때문입니다. 인간의 역사를 돌이켜 보면 과거에는 돈이 없었습니다. 돈이 없어도 얼마든지 삶을 잘 살 수 있었습니다. 자기가 일한 만큼 벌고, 번 걸 통해서 생활을 유지할 수 있었던 것입니다. 그런데 어느 순간 돈이라는 걸 발명하면서 사람들의 삶은 왜곡되고 변했습니다. 물질만능주의나 **배금주의** 사상까지 생겨났습니다. 심지어 종교의 가르침은 돈을 멀리하라는 것이지만, 종교기관들은 어마어마한 돈을 모으고 있습니다.

이 세상에 공짜가 없다는 말이 있습니다. 원하는 것을 얻으려면 돈을 내야 합니다. 그렇다면 과연 돈은 무엇일까요? 인간의 삶에서 돈은 어떤 역할을 하는 건가요? 대답을 알기 위해서 우리는 돈의 비밀과 역사를 알아보아야 하겠습니다. 돈을 발행하고 돈을 맡아주며 빌려주기까지 하는 은행을 똑바로 알아야 합니다. 손자병법에도 적을 알고 나를 알면 백전백승이라 했습니다. 돈을 제대로 알고 그 돈과 은행에 얽힌 음모와 비밀을 알아내는 순간 우리는 좀 더 돈으로부터 자유로워질 수 있을 것입니다. 돈의 노예가 아니라 돈의 주인이 될 것입니다.

1장 하우스 푸어

세상엔 참 집도 많습니다. 우리나라 인구를 5천만 명이라고 한다면 2~3명을 한 가족이라고 쳐도 2천만 채 이상의 집이 필요합니다. 정말 엄청난 숫자입니다. 우리는 집에서 편안한 휴식을 취하고 생활하며, 집에서 태어나고 죽습니다. 오죽하면 삶의 3대 요소인 의식주 가운데 하나가 집일까요.

❚ 과거의 아파트는 그리 높지 않았다.

그렇다면 여러분이 거주하는 집은 정말 여러분의 것입니까? 수천만 채의 우리나라, 아니 전 세계의 집은 과연 거주하는 사람의 것일까요? 집은 많지만, 그 모든 집이 거주하는 사람의 것은 아닙니다.

내 집 마련의 꿈

어떤 사람은 집주인에게 월세를 내며 살고 있습니다. 매달 일정한 돈을 내며 집을 빌려 거주하는 것입니다. 매달 월세를 내느라 압박감을 느낍니다. 또 어떤 사람은 큰돈을 **전세**라고 하여 맡기고 계약 기간만큼 거주합니다. 전세는 우리나라에만 있는 독특한 제도인데 요즘은 서서히 없어지고 있습니다. 또 다른 사람들은 공동 주거라고 해서, 집을 빌려 방마다 한 명씩 살면서 돈을 모아 집세를 내기도 합니다. 이런 형태로 집에 사는 사람들은 엄밀히 말하면 자기가 사는 집이라지만 그 집이 자기의 것은 아닙니다. 주인이 따로 있기 때문입니다. 그 사람들의 꿈은 내 집을 마련하는 것이겠습니다.

일단 내 집을 마련해 놓으면 좋은 점이 많습니다. 월세를 내거나 큰돈을 남에게 맡길 필요가 없습니다. 그리고 마음대로 얼마든지 원하는 기간을 거주할 수 있지요, 그리고 집을 마음껏 개조해 쓸 수도 있습니다. 단층집을 2층으로 올릴 수도 있고, 지하실을 작업실로 개조할 수도 있습니다. 어디 그뿐인가요. 주택이라면 마당에 나무를 심거나 텃밭을 가꾸기도 합니다. 그뿐 아니라 집의 값어치가 올라가면 돈도 벌게 됩니다. 팔지 않더라도 지하실이나 옥탑, 혹은 문간방을 세주어 돈을 벌 수도 있습니다. 물론 집을 부숴서 공터를 만들든, 빈집으로 내버려 두든 맘대로 할 수 있습니다. 이렇게 되니 모든 사람의 꿈은 평생에 자신의 집을 마련하는 것입니다.

▌ 내 집을 마련하려는 욕구만큼이나 올라간 아파트.

우리나라도 이런 내 집 마련의 꿈을 가진 사람들의 욕구에 발맞춰 계속 집을 짓고 있습니다. 지방을 다녀보면 아파트가 계속 올라가고 그 층수도 점점 높아지고 있습니다. 과거엔 5층 정도의 낮은 아파트가 주였다면 요즘은 3, 40층짜리 아파트도 흔하게 볼 수 있습니다. 그 많은 집 가운데 내 집은 과연 어디에 있을까요? 집 없는 사람들의 설움을 우리는 많이 들어 알고 있습니다. 계약이 끝나면 새집을 찾아 이사해야 하고, 가끔은 살 집을 찾지 못해 가족이 떨어져 살기도 합니다. 심하면 전세금을 못 올려줘 자살하는 가장도 있습니다.

돈을 빌려주는 은행, 돈을 빌리는 사람

그러나 집을 가졌다고 다 행복한 것도 아닙니다. 일단 집은 한두 푼으로 살 수 있는 것이 아닙니다. 1년 치, 10년 치, 몇 년 치 월급을 모아야 집을 살 수 있습니다. 그러다 보니 대부분 집을 구매할 때는 은행에서 돈을 빌려 사는 것입니다. 방 네 개짜리 집이 있다고 칩시다. 은행에서 집값의 반을 **융자**받아 집을 샀다면 방 두 개는 은행의 것이나 마찬가지입니다. 내 집이라지만 반은 남의 집에 사는 셈입니다.

▌ 내 집을 마련하기 위해서는 돈을 오랜 시간 모아야 한다.

그렇다면 은행은 왜 우리가 집을 살 때 귀한 돈을 빌려주는 것일까요? 이 세상에 공짜가 있을 리는 없습니다. 은행은 우리가 집을 사는 데 돈을 빌려준 뒤, 그에 따르는 이자와 원금을 받습니다. 은행은 그걸로 돈을 벌고 이익을 남기며 직원들 월급을 주고 자본금을 늘리고 덩치를 공룡처럼 키워나갑니다.

그러면 개인은 왜 돈을 빌려 가면서까지 집을 살까요? 아까 말했듯이 편안히 살려는 것도 있지만, 집을 재산으로 생각하는 한편 집값 상승을 고려해서 투자의 수단으로도 여기기 때문입니다. 단번에 큰돈을 주고 집을 사지는 못하지만, 월급을 받아 이자와 원금을 조금씩 나눠 갚는 것입니다. 계획대로만 된다면 10년, 20년 혹은 몇십 년 뒤에 그 집은 그 사람의 것이 됩니다. 은행이자와 원금을 다 갚았기 때문입니다. 부지런히 일해서 집을 사고 빚을 다 갚아 완전한 자기 집으로 만든 사람도 많습니다. 그렇게 되면 재산이 늘고, 경제적 능력이 향상됩니다. 모든 사람이 바라는 것입니다. 우리나라도 과거 수십 년간 이런 과정으로 서민들이 **중산층**이 되고 중산층은 부유층이 되곤 했습니다.

▌ 은행으로부터 빌린 돈을 차근차근 다 갚은 사람도 없진 않다.

알아 두기

우리나라 집값 추이

1992년~2001년 집값 하락
1992년 1기 신도시를 포함한 200만 호 주택공급과 1998년의 IMF로 인해 집값의 내림세가 아주 빨랐습니다.

2001년~2009년 집값 상승
내림세가 이어지니 건설사는 새집 분양을 많이 하지 않았습니다. 누적된 공급 부족과 부양 정책으로 2001년부터 집값이 상승하기 시작합니다. 게다가 뉴타운 바람을 타서 부동산가격 인상에 가속도가 붙었습니다. 건설사도 새집을 지어 분양을 많이 했습니다.

2009년~2013년 부동산 집값 하락!
2008년 세계금융위기가 닥칩니다. 다주택자는 규제를 받자 실속 있는 큰 아파트를 선호합니다. 하지만 사회가 변화하면서 대형 주택의 인기가 사그라듭니다.

2013년~2018년 부동산 집값 상승!
오래도록 공급 부족이 누적되었습니다. 양도세 **중과** 등 규제로 인해 다주택자 매물이 묶였습니다. 그 결과 공급 부족이 일어났습니다. 누적된 공급 부족과 정부의 잘못된 정책으로 현재 집값 상승 폭은 더욱 커지게 되었습니다.

집이 있는 거지

하지만 여기에는 변수가 있습니다. 아무리 돈을 모아 이자를 내도 갚을 수 없을 만큼 큰 빚을 지고 집을 사는 예도 있습니다. 아니면 갑자기 직장을 잃어서 은행의 이자를 갚지 못하는 경우도 생깁니다. 그것도 아니면 월급이 적어 은행 빚을 갚다 보면 남는 돈이 많지 않아 가난하게 살 수밖에 없게 됩니다. 갑자기 길가에 나앉기도 합니다. 이런 사람들을 우리는 하우스 푸어라고 부릅니다. 집이 있는 거지라는 뜻이지요.

이쯤 되면 우리는 행복해지려고 집을 사고, 편안해지고 부자가 되려고 돈을 내지만, 집에 묶여 있는 노예와 같은 삶을 살게 됩니다. 게다가 자칫 잘못해 이자나 원금을 약속 기일 안에 갚지 못하면, 은행은 매정하게 집을 빼앗아 가버립니다. 어디 그뿐인가요. 신용불량자가 되거나 이사 갈 곳을 못 찾아 길가에 나앉기도 합니다. 집값이 내려가 갚은 돈이 집값보다 더 많은 예도 있습니다. 졸지에 친구들 집이 망해서 이사 가는 것을 한두 번은 보았을 것입니다. 얼마 안 되는 적은 돈이라 매달 갚으면 된다고 생각하지만, 갚지 못하면 눈덩이처럼 빚이 불어납니다. 점점 더 갚기 힘들어집니다.

▌ 집을 잃으면 노숙자가 될 수도 있다.

집중탐구 **'한국 경제 뇌관' 가계 빛 1,500조 육박**

한국 경제를 위협하는 뇌관인 가계부채가 1,500조 원에 육박하며 사상 최대치를 다시 갈아 치웠다. 저소득층은 물론이고 중산층 소득까지 줄고 있는 상황에서 가계 빚이 계속 늘면서 가계부채가 부실화할 위험이 커지고 있다. (중략) 가계대출은 1,409조 9,000억 원으로 3월 말보다 22조 7,000억 원 늘었다. 가계대출의 몸통인 주택담보대출은 587조 7,000억 원으로 3월 말보다 5조 2,000억 원 증가했다. 이는 지난해 같은 기간보다는 4.9% 늘어난 것이다. 문소상 한국은행 금융통계팀장은 "2분기(4~6월)에 아파트 입주량이 늘어 집단대출과 전세자금대출이 증가했다."라고 밝혔다.

가계부채의 질이 나빠지고 있는 점도 우려스러운 대목이다. 정부가 주택담보대출을 옥죄면서 대출 수요가 **금리**가 상대적으로 높은 기타 대출로 옮아가는 '풍선효과'가 계속되고 있기 때문이다. 6월 말 현재 신용대출, 마이너스통장대출 등 기타 대출은 411조 2,000억 원으로 3월 말보다 10조 1,000억 원 늘었다. 지난해 같은 기간에 비교해선 9.6%나 증가했다. 향후 금리 인상이 가시화될 경우 취약계층을 중심으로 빚 상환 부담이 커질 가능성이 크다. 한은 관계자는 "가계신용 증가세는 둔화하고 있지만, 여전히 소득증가율을 웃돌고 있어 추이를 면밀히 주시하고 있다."라고 덧붙였다.

김재영 기자 redfoot@donga.com (동아일보 2018.8.24.)

은행의 업무

그렇다면 은행은 뭘 하는 곳일까요? 은행은 우리의 돈을 맡아주는 곳입니다. 이것을 수신업무라고 합니다. 쓸 만큼의 돈이라면 가지고 다니지만,

너무 많은 돈을 갖고 다닐 수는 없습니다. 누군가가 안전하게 맡아줘야 합니다. 학교에서 우리는 은행에 돈을 맡기면 안전하게 보관해 준다고 배웠습니다. 그리고 이자도 붙여준다고 했습니다. 물론 필요할 땐 언제든지 찾을 수 있습니다.

하지만 집을 산 사람에게 은행은 돈을 빌려주는 곳이기도 합니다. 내게 없는 돈을 빌려주고 이자를 받아 가는 곳입니다. 이것을 여신업무라고 합니다. 은행이 가진 돈을 남에게 빌려주기 때문입니다. 은행은 수신업무, 여신업무 외에도 다양한 일을 합니다. 예금의 수입과 자금의 공급을 통하여 단기 신용을 장기로 바꾸기도 하고, 자금이 부족한 곳에 자금을 공급하고 넘치는 곳에서는 회수하는 배분 및 중개의 기능을 하고 있습니다. 파생적 예금을 통해 신용을 만들며 다른 나라와의 화폐 가치를 교환하는 환업무도 합니다.

▌ 달러와 유로를 교환하는 환업무.

돈의 역습

그뿐만 아닙니다. 은행은 돈을 잘 갚지 못하는 신용이 나쁜 사람에게도 돈을 빌려줍니다. 텔레비전을 보면 언제든지 전화만 하라고 하는 저축은행 광고가 나옵니다. 이제 신용이 안 좋아도 빌려주겠다고 하고 있습니다. 사실 이건 현대판 고리대금업입니다. 절대 주의해야 할 것이지요. 물론 그러려면 개인의 강력한 의지도 있어야 합니다.

어디 그뿐인가요? 어른들은 지갑에 몇 장씩 신용카드를 가지고 다닙니다. 신용카드는 물건부터 사고 한 달이나 두 달 뒤에 갚는 카드(대출)입니다. 당장 돈이 없어도 물건을 살 수 있는 세상이 된 것입니다. 차도 살 수 있고,

---

알아 두기

금융기관의 구분

　제1금융권 : 예금을 받아 대출해 주며 이익을 내는 은행입니다. 일반은행(예 : 하나은행), 지방은행(예 : 제주은행), 특수은행(예 : NH농협)이 여기에 속합니다.

　제2금융권 : 비공식적으로 퍼진 말입니다. 비은행금융기관이라고 합니다. 상호저축은행(예 : 솔로몬저축은행), 신용협동기구(예 : 직장신협), 우체국, 새마을금고, 보험회사, 신탁회사, 증권회사, 종합금융회사, 여신금융회사, 신용카드회사, 캐피탈회사, 리스회사, 할부금융회사 등이 여기에 속합니다.

　제3금융권 : 제도권 밖의 대부업체, 사채업체입니다. 제1, 2금융권에서 돈을 구하지 못한 사람이 이용합니다. 흔히 사채업이라고 합니다. 법을 어기고 연 수백 퍼센트의 이자를 받는 사채업자들도 있어서 절대 주의해야 합니다.

가구도 살 수 있으며, 식당에 가서 밥도 먹을 수 있습니다. 엄청나게 소비를 즐길 수 있습니다.

이 세상에 공짜가 없다고 하는데 어떻게 이렇게 공짜로 돈을 쓸 수 있을까요? 그러면서 내 집은 잘 지켜지고 있다고 생각할 수 있을까요? 하우스 푸어가 되면 생활의 질이 나빠집니다. 영화 한 편 보거나 책 한 권 사는 일이 힘겨워집니다. 차라리 집 없이 살면서 즐기는 게 나은 삶 아닐까요? 욜로(You Only Live Once : 한 번뿐인 인생)라는 말 그대로 한 번뿐인 인생에서 현재를 즐기며 살아야 할지도 모릅니다. 라틴어에는 카르페 디엠(Carpe Diem : 오늘을 즐겨라)이라는 말도 있습니다. 이렇게 본다면 끊임없이 빚을 갚아야 하는 하우스 푸어의 삶은 전혀 바람직하지 않은 것일 수도 있습니다.

생각해 보기

돈을 빌리는 일을 대출이라 합니다. 오랜 역사가 있습니다. 문학작품에서도 나오니 바로 셰익스피어의 명작 《베니스의 상인》입니다.

안토니오는 친구 바사니오를 위해 3,000두카트를 **유대인** 고리대금업자 샤일록에게서 빌립니다. 담보는 안토니오의 살 1파운드입니다. 하지만 안토니오의 재산인 무역선이 사라지고, 계약 기간이 끝나 샤일록은 빌려 간 돈 대신에 그의 살을 내놓으라고 합니다. 죽음의 위기에 처한 안토니오를 구한 것은 바사니오의 아내 포르티아. 재판관으로 변장하여 명판결을 내립니다. 살 1파운드를 가져가되 피를 한 방울이라도 흘리게 하면 샤일록의 전 재산을 몰수한다는 것입니다. 그 결과 샤일록은 돈 한 푼 받지 못할 뿐 아니라 그리스도교로 개종하라는 명령까지 받게 됩니다.

과연 돈이 무엇이기에 우리들의 목을 이토록 조이고 압박을 하며 스트레스를 주는 걸까요? 왜 사람들은 편리하려고 만든 돈 때문에 불편해지는 걸까요? 돈은 도대체 누가 만들어내는 것일까요? 얼마나 만드는 걸까요? 다음 장을 보면 좀 더 자세히 알 수 있답니다.

- 내 집 마련을 위해 사람들은 은행에서 돈을 빌린다.
- 과도하게 돈을 빌려 집을 장만할 경우 그 부담에 자칫 잘못하면 하우스 푸어가 된다.
- 행복해지려 산 집으로 인해 압박을 받고 삶이 고달파진다.
- 집 없이 즐기며 사는 욜로의 삶도 생각해볼 일이다.
- 편리하고 행복해지려 만든 돈 때문에 고통받은 역사와 은행의 기원을 알아볼 필요가 있다.

2장 연방준비제도이사회와 화폐의 발행

앞서도 이야기했듯이 대출금은 곧 빚입니다. 은행은 어떻게 해서든지 수익을 올려야 하는 기업입니다. 공공기관처럼 보이지만 공공기관이 아닙니다. 여러분이 은행을 방문해보면 마치 주민센터처럼 투명하고 쾌적해 보이지만, 은행은 사기업입니다. 나라마다 조금씩은 다르지만, 은행의 출발은 결국 돈을 빌려주고 돈이 돈을 벌게 만드는 구조입니다. 사람들이 돈을 많이 빌려 갈수록 은행은 이자를 많이 받습니다. 그들이 돈을 갚지 못하면 더욱 좋습니다. 그땐 담보물을 가져갈 수 있기 때문이지요.

담보를 잡을 때는 꿔준 돈보다 몇 배 더 큰 가치를 가진 부동산이나 특허권, 저작권 등을 그 대상으로 합니다. 한마디로 적은 돈을 빌려주고, 돈을 빌린 사람이 실수하거나 형편이 어려워지기를 바라는 것이라고까지 말할 수도 있습니다. 많은 사람이 파산하고 빚을 갚지 못할수록 은행은 큰돈을 벌기 때문입니다. 은행은 고객을 위한다고 온갖 구호를 내세우지만, 가끔은 개인의 불행이 은행엔 행복이 될 수도 있습니다.

▌ 채무자의 채무 이행에 따른 이자든 파산에 따른 담보든, 대가를 받을 수 있는 처지이므로
은행은 돈을 빌려주는 걸 망설일 까닭이 없다.

신용의 발명

인간의 욕심은 끝이 없습니다. 은행의 욕심도 끝이 없습니다. 사람들이 빚을 내면서, 빚이 위험하고 두렵다는 걸 알고 조심하게 되었습니다. 마구 빚을 내지 않습니다. 빌린 돈도 빨리 갚습니다. 그러다 보니 은행으로서는 기업의 기본 명제인 이윤의 극대화에 제동이 걸립니다. 그런 사람들의 틈새를 파고들어야 할 새로운 전략이 필요해졌습니다. 한마디로 돈을 더 빌려줘야 합니다. 이건 자본 시장을 키우는 것이 되기도 합니다. 시장이 커지면 이익도 커집니다.

하지만 필요 없다는 사람에게 돈을 더 빌려주는 방법은 무엇일까요? 원하는 것을 주는 건 쉽습니다. 원치 않는 걸 원하게 만드는 건 정말 어렵습니다. 은행은 여기에서 기가 막힌 아이디어를 냈습니다. 그것은 바로 신용이라는 것입니다. 돈이 없어도 잘 갚겠다고 하면 돈을 빌려주는 제도입니다. 가장 대표적인 것이 신용카드입니다. 은행은 다양한 신용카드를 만들어 고객들에게 마구 뿌렸습니다. 신용이라는 멋진 이름이지만 사실은 사용자가 빚을 지는 것입니다. 대출이라는 겁니다.

물건을 먼저 사고 한 달이나 두 달 뒤에 갚아야 하는 것이 신용카드입니다. 그러면 물건 파는 사람들은 그때까지 돈이 들어오길 기다려야만 할까요? 그렇지 않습니다. 우리가 신용카드로 산 물건값은 은행이 대신 먼저 내줍니다. 그리고 돈을 쓴 내 통장에서 정해진 기일에 뽑아 갑니다. 지금은 내 두 손에 돈이 한 푼 없어도, 며칠 뒤에 돈이 들어오는 게 확실하다면 과감히 물건을 살 수 있습니다. 우리에겐 바로 마법의 신용카드가 있으니까요. 다시 말해 신용카드를 사용한다는 건 내가 가진 돈으로 물건을 사는 것이 아니라 미래에 벌 돈을 가지고 사는 것입니다. 오늘은 '당장 쓰고 보자.'라는 주의입니다.

▌ 신용카드를 쓰는 건 빚을 낸다는 의미다.

신용카드의 허실

우리나라는 이러한 속담이 있습니다.

"외상이라면 소도 때려잡는다."

"돈만 있으면 개도 멍 첨지다."

외상은 바로 나중에 돈 벌어 갚는다는 것입니다. 왜 그럼 외상을 하면서까지 사람은 돈을 원할까요? 그건 두 번째 속담처럼 돈이 주는 힘과 자유 때문입니다. 개까지도 존경받는 이유는 돈 때문입니다. 이런 인간의 소비 욕구와 허영심에 물욕이 화학적으로 결합한 것이 바로 신용카드랍니다. 신용카드가 많으면 그만큼 돈이 많은 것처럼 느끼게 됩니다. 참 묘한 착각입니다. 사용 한도 500만 원인 카드 열 장을 지갑에 꽂고 있으면 5,000만 원어치 물건을 당장 살 수 있습니다. 지금 돈 500원이 없어도 가능합니다. 이렇게 이 카드, 저 카드로 마구 긁으며 소비하면 누구나 쾌감이 생깁니다. 큰 부자가 된 것 같습니다. 하지만 실상은 그만큼 많은 빚을 은행으로부터 지는 것입니다.

당장 빚을 내는데 누구든 두려워할 필요가 없다고 생각합니다. 갚는 것은 나중 문제인 것입니다. 내일 로또에 당첨될 수도 있고, 모레 내가 가진 주식이나 부동산 가격이 올라갈 수도 있습니다. 그러면 아무 문제 없습니다. 이렇듯 눈에 보이지 않는 돈을 먼저 쓰게 되니 사람들의 소비가 과도해집니다. 맛있는 음식을 사 먹고, 안 사도 되는 옷을 사고, 자동차, 가전제품, 컴퓨터 등을 신용카드로 결제합니다. 신용카드는 그야말로 만능이 된 것입니다. 알라딘의 요술램프 요정 지니가 되었습니다. 그러니 요즘은 신용카드 없는 삶은 상상할 수도 없습니다. 모든 가게에 카드 단말기가 있습니다. 돈 한 푼 없이도 원하는 걸 살 수 있으며 엄마의 카드로 내가 물건을 구매할 수 있습니다.

돈의 본산, 중앙은행

그런데 우리는 여기서 의문이 생깁니다. 온 국민이 신용카드를 쓰며 호화롭고 사치스러운 삶을 살고 있다면 그 많은 돈이 어디에서 온 것일까요? 지금 우리에게 있는 돈은 그대로인데 이 많은 돈은 어디서 구해서 물건을 사는 걸까요? 물론 모든 돈은 은행에서 온 것입니다. 은행이 먼저 돈을 갚아주고 나중에 그 돈을 돌려받습니다. 이자를 받으면서 말입니다.

그러면 은행은 수없이 많은 그 돈을 어디서 가져온 것일까요? 분명히 누군가에게서 돈을 가져왔을 것입니다. 그 돈은 바로 중앙은행에서 가져온 것입니다. 우리나라는 한국은행이지만 미국은 연방준비제도에서 가져옵니다. FED라고 이야기하지요. 그러면 연방준비제도는 얼마나 많은 돈을 가지고 있는 것일까요? 갑자기 의문이 생깁니다. 연방준비제도는 과연 어떤 조직일까요? 궁금증이 생기면 우리는 물어보거나 그 조직을 들여다볼 수 있어야 합니다.

연방준비제도의 독립성

그러나 연방준비제도는 아무도 간섭할 수 없습니다. 미국 연방 정부도 함부로 다룰 수 없습니다. 그 이유는 별도의 독립기구이기 때문입니다. 위원장은 대통령이 지명하지만, 인준은 국회가 합니다. 미국의 모든 권력을 다 동원해도 어떻게 운영되는지는 알 수 없게 되어 있습니다. 미국 연방 정부는 감사 권한도 없고, 지분도 가지고 있지 않습니다. 이것이 연방준비제도의 독립성입니다. 의장은 수시로 국가 경제팀과 토론하고 **통화정책**의 기본을 결정합니다. 국민을 대표하는 의회가 소환하면 위원장은 불려가서 질문에 대답하곤 합니다.

연방준비제도는 '연방'이라고 하니까 국가기관인 것처럼 느껴집니다. 우리나라로 치면 '한국타이어'가 마치 대한민국 정부가 만들었거나 공기업에서 제조한 타이어 같지만, 전혀 상관없는 것과 같은 이치입니다. '대한항공'에 대한이 들어갔다고 절대 대한민국 정부가 운영하는 공식 항공사가 아닌 것과 같습니다.

이처럼 연방준비제도는 행정부에 속해 있지 않습니다. 별도의 독립기구입니다. 연방준비제도이사회는 개인 주주들이 권리를 가진 사설 은행들이 모인 것입니다. JP 모건, 로스차일드 등 사립 은행들이 지분을 100% 소유하고 있는 것으로 알려져 있습니다.

알아 두기

연방준비제도(Federal Reserve System, FRS)

Federal의 앞 세 글자를 따서 FED라고도 합니다. 우리나라의 한국은행과 같이 미국의 중앙은행 역할을 합니다. 1913년 12월에 도입된 연방준비제도의 주요 목적은 미국 내 통화정책의 관장, 은행·금융기관에 대한 감독과 규제, 금융체계의 안정성 유지, 미 정부와 대중, 금융기관 등에 대한 금융 서비스 제공 등으로 나뉩니다. FED의 최대 기능은 통화정책입니다. FED는 재할인율(중앙은행–시중은행 간 여신 금리) 등의 금리 결정, 재무부 채권의 매입과 발행(공개시장조작), 지급준비율 결정 등을 통해 통화정책을 수행합니다.

통화발행권을 장악하다.

연방준비제도에서는 각 은행이 돈이 필요하다고 하면 돈을 보내 주는 역할을 합니다. 은행들은 많은 돈이 필요합니다. 많은 돈을 대출해 주어야 더 많은 이익을 내기 때문입니다. 반도체공장으로 치자면 **세라믹** 원료가 많아야 반도체를 많이 만들어 공급할 수 있는 것과 같은 이치입니다. 하지만 원한다고 마음껏 돈을 빌려준다는 사실이 우리는 믿어지지 않습니다. 돈 한 푼 벌기가 얼마나 힘든데 이렇게 거액을 스스럼없이 빌려주고 빌려 받을까요?

여기에 연방준비제도의 비밀이 있습니다. 연방준비제도는 어디에서 돈을 가져오는 걸까요? 그것은 다름 아닌 조폐국에서 찍어 오는 것입니다. 연방준비제도 정책에 의해 명령만 내려오면 원하는 금액의 돈을 찍어서 보내 줄 수 있는 것입니다. 한마디로 종이에 돈을 인쇄해서 보내는 것이지요.

물론 이 돈은 공짜가 아닙니다. 각 은행에 빌려주고 이자를 받습니다. 연방준비제도 역시 장사를 하는 것입니다. 우리가 돈이라고 하는 것은 사실 그 값어치만큼 물건을 교환해 줄 수 있다는 신용을 바탕으로 표시한 문서일 뿐입니다. 앞서도 이야기했지만, 염소가 먹어 버릴 수 있는 종이에 불과한 것이지요. 아, 엄밀히 말하면 돈은 종이로 만든 게 아닙니다. 미국이나 우리나라의 경우 돈은 목화로 만듭니다.

그런데 이러한 돈을 찍어 낼 권리를 연방준비제도가 독점적으로 가지고 있는 것입니다.

알아 두기

연방준비제도이사회의 지분을 가진 부호들

이곳의 의장을 지명하는 것은 겉치레일 뿐입니다. 의장의 선임은 실질적으로
는 FED 내부 회의를 통해 정한 걸 미국 대통령이 각본대로 공식 발표를 해줄
뿐입니다.

FED는 금권 통치를 위한 전쟁에서의 승리를 자축하듯 사설 중앙은행 설립을
반대했던 프랭클린, 제퍼슨, 매디슨, 잭슨, 링컨 등 미국의 역대 대통령들의
초상을 미국 달러 지폐에 새겨 넣었을 정도입니다.

이곳의 실제 주인은 미국계의 록펠러, 골드만삭스, 시티그룹(쿤롭), 레먼을
포함해 유럽계의 국제 금융그룹인 M.A.로스차일드, 와벅(네덜란드), 라자드,
시프 유럽왕실 등으로 알려져 있습니다. 이들은 혼인 등으로 얽혀 있고, 구체
적인 부의 규모는 너무 엄청나서 잘 알 수 없을 정도입니다.

간추려 보기

- 은행은 돈을 빌려주고 이자를 받아 이익을 추구하는 조직이다.
- 사람들이 더 많은 돈을 빌리도록 하려고 은행은 신용이라는 방법을 창안해 소비를 조장한다.
- 신용카드를 쓰는 행위는 내가 가진 돈으로 물건을 사는 게 아니라 빚으로 물건을 구매하는 행위이다.
- 이로 인해 과소비가 발생하는데 이것은 은행으로서는 나쁠 게 없다.
- 과소비에 드는 돈은 미국의 경우 독립기구인 연방준비제도가 찍어내고 있다.
- 연방준비제도의 돈은 각 은행에 빌려주고 이자를 받는 수단이다.

3장 은행의 기원

돈의

역사는 오래되었습니다. 동서양을 막론하고 수천 년 전부터 화폐를 사용했습니다. 기원전 7세기 소아시아에 일렉트럼이라는 주화가 발견되고 있으며, 로마에도 금화가 있었습니다. 중국에서는 춘추전국시대에 명도전이라는 칼 모양의 화폐가 유통되기도 했습니다.

하지만 오늘날의 근본적인 돈의 개념은 거래 편의를 위해 개인들이 만들어낸 발명품이며, 그 가치와 자격은 시장에서 결정된다고 봅니다. 돈의 발생과 유통에 국가나 공권력이 빠져야 한다는 것입니다. 한마디로 돈은 개인과 시장이 받아들일 때만 존재할 수 있는 것입니다.

물물교환의 한계

10세기경 유럽 사람들은 물물교환을 했습니다. 자기가 가진 물건을 다른 사람들과 바꾸는 것이지요. 예를 들어 물고기를 여러 마리 잡은 어부는 한 마리만 먹고 나머지 물고기를 팔아서 과일도 사고 옷도 사야 합니다. 그러려면 물고기가 상하기 전에 빨리 과일 파는 곳에 가서 과일과 바꾸고, 또 옷을 만드는 사람에게 가서 생선과 바꾸어 옷을 사 입어야 합니다.

▌ 물물교환은 기준을 정하기 어려웠다.

옷은 잘 상하지 않는 것이지만 과일이나 물고기는 시간이 지나면 변합니다. 가치가 떨어지는 것이지요. 그러다 보니 일정한 값어치를 오래도록 가지고 있는 물건을 지닌 사람이 유리했습니다. 물물교환은 여러 가지로 불편한 점이 많았습니다. 물고기 한 마리로 과일 몇 개를 바꿀 수 있을지도 잘 알 수 없었습니다. 가치도 주관적으로 판단해야 하고 상대적인 것이었습니다. 물고기를 안 먹어 본 사람에게 가져가면 비싼 가격으로 과일 한 상자를 바꿀 수 있겠지만, 물고기가 흔한 동네에 가면 과일 한 개와 바꾸기도 어려웠습니다.

금본위제의 전개

사람들은 공통의 값어치를 가진 물건에 주목했습니다. 모든 사람이 귀하게 여기며 부피가 작고 썩지 않으며 언제 어디서든 원하는 물건과 바꿀 수 있는 물건이 필요했던 것입니다. 그것은 바로 금이었습니다. 금은 오랜 역사를 가지고 귀하다고 여겨지는 것이며 누구나 그 가치를 인정하는 물건이었습니다. 게다가 그 가치도 쉽사리 오르고 내리지 않았습니다. 거의 일정했던 것입니다.

이때부터 사람들은 금을 화폐로 쓰기 시작했습니다. 자신이 가진 물건을 금으로 바꾸고 그 금을 가지고 가서 원하는 물건을 또 사는 것입니다. 이로 인해 물건을 사고파는 일이 아주 쉬워졌습니다. 빠르게 금을 중심으로 물건

▌ 지폐 이전의 화폐였던 금.

을 사고파는 일들이 활발해졌습니다. 이것을 금본위제라고 합니다.

금본위제는 영국에서 제일 먼저 시행했습니다. 1819년의 일인데 1914년 이전까지는 완전한 국내·국제 금본위제를 시행했기에 금을 같은 무게의 금화로 바꿀 수 있었습니다. 또한, 금화를 녹여 같은 금액의 금을 얻을 수도 있었다고 합니다. 금화나 금괴의 수출입이 자유로울 수밖에 없었습니다. 이런 금본위제가 완전하게 시행된 건 1870년대부터 제1차 세계대전이 발발한 1914년까지뿐입니다. 금본위제의 한계가 있었기 때문입니다.

금도 쓰는 데 불편함이 있었습니다. 모아 놓고 있다 보면 누군가 훔쳐 갈 수 있었습니다. 부피가 작으므로 쉽게 훔쳐 도망갈 수 있는 것입니다. 물고기를 담은 한 상자를 어깨에 메고 도망가기는 힘들지만, 금덩어리 하나를 들고 도망가는 일은 아주 쉬운 일이었기 때문입니다.

이렇게 금을 보관하고 관리하는 일은 쉬운 일이 아니었습니다. 옛이야기에 나오는 금 항아리라든가 금으로 만든 송아지 같은 것을 땅속에 묻어 놓은 걸 발견했다는 이야기 등이 바로 그것입니다. 이러한 이야기가 전설이나 문학작품에 많이 등장하는 것은 금을 중심으로 **화폐경제**가 굴러가던 시대를 반영한 것입니다. 인간은 불편한 것에서 해결책을 찾기 마련입니다. 어떻게 하면 좀 더 간편하게 물건을 사고팔며 교역을 할 수 있을까 고민하게 되었습니다.

금 보관증에 주목하다 – 은행의 탄생

이때 금 보관 창고를 가지고 있는 금 세공업자들이 인류의 역사를 바꿀 새로운 사업을 생각해 냅니다. 안전하게 금을 보관해 주고 그 가치를 지켜 주는 것입니다. 필요할 때는 언제든지 다시 찾아갈 수 있게 해주자, 이 역할이 은행의 출발점입니다. 이제 마음을 놓고 금을 은행에 맡기게 되었습니다. 물론 힘들게 모은 소중한 금을 맡기면 금을 맡겼다는 증서를 받았습니다. 그 증서는 적힌 금액만큼의 금의 역할을 했습니다. 이건 아주 편리하고 합리적인 일 같았습니다. 도둑이 훔쳐가기 힘든 은행에 금을 맡기고, 간편하게 종이를 가지고 거래를 할 수 있기 때문입니다. 내 금은 언제든지 은행에 보관되어 있습니다. 맘만 먹으면 언제든 찾을 수 있습니다. 사람들은 모두 이 증서(종이 화폐)를 사용하기 시작했습니다. 그 후 무거운 금 주머니나 금 항아리를 들고 다니는 사람은 아무도 없었습니다. 사람들의 돈은 은행에 있기 때문입니다.

▌ 지폐는 금 보관증에서 유래했다.

악화가 양화를 구축한다.

우리가 쓰는 동전의 테두리는 밋밋하지 않고 톱니처럼 오톨도톨합니다. 그 이유는 무엇일까요? 과거 동전이 금이나 은일 때 맡아 보관한 자들이 몰래 동전의 옆면을 깎아 내고 유통했기 때문입니다.

▮ 옆면을 오톨도톨하게 만든 금화.

금화나 은화를 사용할 때 가끔은 녹여서 사용하는 경우도 있고 그렇지 않을 경우도 있다 보니 사람들이 몰래 금화나 은화를 조금씩 갈아 가루를 모아서 다른 사람한테 건네는 경우가 많아졌습니다. 이러다 보니 점차 많은 사람이 동전을 갈기 시작했습니다. 이 현상을 보고 토머스 그레셤이 '악화가 양화를 구축(차서 없앰)한다.'고 한 것이죠. 흔히 금화나 은화의 가치가 동전의 액면가보다 높으면 좋은 돈, 즉 양화라고 했고, 반면에 악화는 동전을 녹였을 때 그 가치가 액면가보다 낮은 동전을 뜻합니다. 그래서 옆면을 깎았다는 것을 쉽게 드러나게 동전의 옆면을 톱니바퀴

▮ 아이작 뉴턴.

처럼 오톨도톨하게 만들었습니다. 영국의 조폐국장이던 만유인력의 발견자 아이작 뉴턴의 기발한 아이디어입니다.

우리가 지금 쓰는 동전은 대개 악화입니다. 하지만 금이나 은을 쓰게 되면 그 시세 변동이 크기 때문에 양화가 될 수도 있습니다. 이제 동전 대신 지폐를 쓰게 되면서 그레셤의 명언은 다른 의미로 쓰이고 있습니다.

돈이 돈을 재생산하다.

그런데 여기에서 인식의 큰 변화가 일어납니다. 금을 보관하고 있는 은행은 자신들이 발행한 보관증이 곧 돈, 다시 말해 금이나 마찬가지라는 사실을 알게 되자 맡은 양 이상의 화폐를 발행하기 시작합니다. 이 사실을 알리 없는 사람들은 화폐를 신용으로 인정했기에 그만큼 금이 은행에 보관되어 있을 거로 생각하고 화폐의 가치를 인정해줍니다. 이때부터 금보다 더 많은 화폐가 발행되고 유통됩니다. 한마디로 은행이 마구잡이로 돈을 찍어내기 시작한 것입니다.

그들은 없는 금으로 만든 신용증을 빌려주고 이자를 받아 이익을 극대화하기 시작했습니다. 남들이 맡긴 금, 아니 그 이상의 돈을 대출해서 큰돈을 벌었습니다. 대출이자는 예금이자보다 항상 높습니다.

인플레이션의 함정

문제가 없느냐고요? 당연히 문제가 있습니다. 은행에 금을 맡겼던 사람들이 은행에 금이 얼마나 있는지 알 수 없습니다. 그러다 보니 은행은 있지도 않은 금을 빌려주고 있는 것입니다. 급기야 금고의 금보다 10배 이상의 보관증을 발행하게 됩니다. 이들에게 가장 끔찍한 시나리오는 어느 순간 금을 모두 찾아가겠다고 달려오는 경우입니다. 은행에 금을 맡긴 사람들이 금을 내놓으라고 몰려오고 은행의 내부를 들여다보니 은행에 금이 없다는 사실을 알게 됩니다. 사람들이 한꺼번에 몰려오면 그 은행은 파산할 수밖에 없습니다. 한마디로 은행은 도둑질(이 도둑질은 나중에 지급준비제도라는 고상한 말로 포장이 되고 심지어 합법화가 됩니다.)을 자행한 것입니다. 은행은 사람들이 맡겨 놓은 금을 바탕으로 화폐를 발행하고 큰 이익을 누려 왔습니다. 그 결과 지금 내가 가진 보관증을 돌려주고 원래 맡긴 금을 되찾을 수도 없습니다. 왜냐하면, 금 열 돈을 맡기고 받은 증서는 이미 은행이 초과 발행한 금액 때문에 증서의 가치가 줄었기 때문입니다. 이걸 인플레이션이라고 합니다. 인플레이션은 통화의 공급과 수요에 의해 발생합니다. 여기에 엄청난 비밀이 있습니다. 우리는 물건값을 10% 올리면 민감하게 반응하지만, 인플레이션이 10% 인상되었다고 하면 모든 돈이 10% 떨어졌기 때문에 돈의 가치가 남들과 같다고 느끼고 별다른 반응을 보이지 않습니다. 물건값을 10% 올리는 일이나 인플레이션이 10% 일어나는 일이 똑같이 우리가 가진 돈의 가치를 10% 떨어뜨리는데도 말입니다.

▌ 은행은 지급준비율만큼의 돈만 보관한다.

그리고 인플레이션은 자본주의 사회에서 일어날 수밖에 없습니다. 우리나라 돈의 총합이 1억이라고 하고, 우리나라 인구가 총 백 명이라고 가정해 봅시다. 그리고 우리나라 중앙은행이 은행을 통해서 백 명에게 똑같이 나누어줬다고 합시다. 그럼 한 사람당 백만 원씩 가지게 됩니다. 그런데 건설업자가 재료비와 인건비 그리고 자신의 이윤을 더해 집값을 백십만 원이라고 정합니다. 모든 사람이 집을 갖고 싶어 하니 은행에서 돈을 십만 원씩 더 빌려야 합니다. 그러려면 우리나라 사람들의 돈의 총합이 1억 1천만 원이 되어야 합니다. 즉 천만 원이 더 필요합니다. 하지만 우리나라에서 유통되는 돈의 총합이 1억 원밖에 안 됩니다. 그래서 다른 사람한테 돈을 빌리래야 빌릴 수가 없습니다. 그럼 천만 원을 어디에서 가져와야 할까요? 그렇습니다. 중앙은행이 천만 원을 더 찍을 수밖에 없습니다. 이처럼 중앙은행이 돈을 계속

▌ 인쇄되는 달러.

찍을 수밖에 없는 상황입니다. 그래서 물가는 계속 오르는 것입니다. 중앙은
행이 천만 원을 더 찍으면 처음에 우리가 가진 백만 원은 90만 원의 가치를
지니게 됩니다.

　당시에 법은 이런 짓을 한 은행가들을 처벌하고 목을 매달 수 있었습니
다. 남의 돈을 가지고 장난을 치며 가로챘기 때문입니다. 그러나 이들이 저지
른 가장 큰 죄악은 남의 돈을 훔쳐 몰래 사용한 죄가 아니라 남의 돈을 가지
고 더 큰 돈 버는 방법을 고안해냈다는 점입니다. 그리고 이들은 오늘날 은
행업자로 변신해서 멋지게 살아남았습니다.

- 물물교환의 불편함은 화폐의 필요성을 만들었다.
- 공통의 값어치를 가진 물건인 금이 화폐의 기능을 시작했다.
- 금의 단점을 해결하기 위해 지폐가 발행되었다.
- 물건 가격이 오르기 시작하는 인플레이션으로 인해 화폐의 가치가 떨어진다.
- 은행은 자신들이 보관하는 금의 액수 이상의 화폐를 발행했다.
- 인류 최초로 남의 돈을 가지고 큰돈을 버는 방법이 고안되었다.

4장 보이지 않는 괴물

종잇조각을 금으로 바꾸는 법을 만들어 낸 자는 큰 곤욕을 겪었습니다. 그렇지만 한번 고안된 방법은 사라질 리가 없습니다. 그 비밀이 계속 이어져 내려가는 것입니다. 이 방법을 이용하면 엄청난 돈을 벌 수 있다는 사실이 은행가들을 통해 비밀리에 전수되었습니다.

유대인의 경제관념

이쪽으로 가장 밝은 자들이 유대인들이었습니다. 2,000년 전에 국가를 잃은 그들은 돈만이 진정한 힘이라는 사실을 알게 되었고, 그 결과 놀라운 능력을 발휘합니다.

유대인들은 13세가 되면 우리나라에서 돌잔치 치르듯 바르 미츠바를 실시합니다. 이때 그들은 주위의 모든 지인을 불러 잔치를 벌입니다. 잔치에서 13세 어린이는 아무의 도움도 받지 않고 연설문을 만들고 연습하고 연습하여 사람들 앞에서 발표합니다. 그 내용은, 앞으로 성장해 어떤 사람이 될 것인지 포부를 밝히는 것입니다. 그러고 나면 축의금을 받습니다. 미화로 수만 불에 달하는 이 축의금은 부모의 지도로 펀드나 채권 주식에 투자하여 관리하게 됩니다. 최초로 생긴 자기의 재산을 잘 지켜야 대학도 가고 자립도 할 수 있습니다. 그래서 유대인의 돈에 관한 집착은 상상을 초월합니다. 그리고 돈 관리의 귀재가 되는 것입니다. 자산을 불리는 데에 남다른 재능을 보입니다. 대학을 갈 때쯤이면 자신이 관리한 자산이 있어서 학자금 대출도 필요 없고 차근차근 부를 쌓아 독립합니다. 세계적인 부호 워런 버핏, 스티브 잡스, 스티븐 스필버그, 페이스북의 창시자 마크 저커버그, 아인슈타인 등이 다 유대인입니다.

유대인들은 이런 돈에 관한 집착으로 머리를 써서 지구상의 모든 국가를 노예로 만드는 엄청난 괴물을 만들었습니다. 여기에서 우리는 원자력 에너지를 비유적으로 살펴볼 필요가 있습니다. 원자력 에너지는 인류가 만들어낸 최고의 에너지입니다. 약간의 방사성 물질로 엄청난 양의 에너지를 쓸 수 있

▌ 바르 미츠바에서 발표 중인 유대인 어린이.

워런 버핏(Warren Edward Buffett)

| 워런 버핏.

미국 네브래스카주 오마하에서 태어난 미국 기업인입니다. 오마하의 현인, 투자의 귀재라는 별명을 가지고 있으며 버크셔 해서웨이 이사회 회장 겸 CEO입니다. 세계적인 부호로서 그의 자산은 661억 달러에 달합니다. 그는 뛰어난 투자실력과 기부 활동으로 인해 현인이라는 말을 듣고 있으며 세계 4위의 부자로 선정되기도 했습니다. 1위는 아마존의 설립자 제프 베조스, 2위는 마이크로소프트의 빌 게이츠, 3위는 페이스북의 마크 저커버그입니다.

그는 자신의 자녀들에게 재산을 물려주면 자녀를 망친다며 주식과 현금을 자선단체에 기부하는 것으로 유명합니다.

기 때문입니다. 심지어 그 에너지는 청정하기까지 합니다. 하지만 잘못 이용할 때는 놀라운 재앙을 안겨주기도 합니다. 선하게 사용되느냐, 악하게 사용되느냐에 따라서 원자력 에너지는 동전의 양면처럼 우리에게 다가오고 있습니다. 과학의 원리나 증명된 사실들은 누구나 공유할 수 있습니다. 그런 지식을 통해 인간의 능력을 끊임없이 개발하는 것은 당연한 일입니다. 하지만 그렇지 않은 경우도 있습니다.

지급준비제도라는 괴물

앞에서 말한 은행의 이 사악한 방법은 비밀리에 전수되었습니다. 그것은 바로 은행을 이용해서 없던 돈을 만드는 방법, 다시 말해 지급준비제도라고 불리는 것입니다. 예를 들어 은행에 우리가 100달러의 돈을 예금한다면 은행은 그 돈을 가만히 보관하는 것이 아니라 다른 사람에게 대출해 줄 수 있습니다. 100달러의 돈을 보관만 하는 것이 아니라 돈을 필요로 하는 다른 사람에게 90달러를 빌려줍니다. 극단적으로 말하면 내가 맡긴 돈 100달러는 90달러가 누군가의 손으로 갔고, 10달러만 은행이 보관하고 있습니다. 그다음은 90달러를 또 9달러만 남기고 81달러를 빌려줍니다. 이런 식으로 하다 보면

집중탐구 **우리나라의 현재 지급준비율은 얼마일까요?**

10%만 준비해 둬도 엄청난데 우리는 현재 3.5%를 허용하고 있습니다. 그만치 국민이 예금을 잘하고 돈을 잘 안 찾아간다는 의미이기도 합니다.

이 말은 다시 말해 정부에서 새 지폐를 찍어 5,000억 원을 은행에 예금해 놓으면 그 돈은 대출과 예금을 반복하면서 무려 시중에 6조 5,000억 원으로 불어난다는 의미입니다.

▌ 한국은행.

은행은 100달러를 가지고 1,000달러어치만큼 불려서 대출 이익을 만들어냅니다. 즉 연방준비제도에서 빌린 100달러를 은행에서 1,000달러로 만들어 사람들에게 대출을 해주고 이자를 받을 수 있게 한 제도가 지급준비제도입니다. 그리고 이 지급준비제도는 세계의 모든 정부가 공식적으로 공인하고 시행하고 있는 제도입니다.

이 방법은 그 위험성이 핵폭탄보다도 더욱 크고 강력한 것입니다. 은행은 자신들의 돈을 빌려줘서 이익을 얻는 것이 아니라 온 국민이 믿고 맡긴 돈을 빌려주고 이익을 취하는 것입니다. 그 원리는 예금이자와 대출이자의 차이입니다. 이것을 우리는 예대차익이라고 합니다.

궁극적으로 은행은 자기 돈을 내놓거나 자기 것이 들어간 적이 없습니다. 물론 은행을 만들었다는 것 하나는 자신들이 한 일입니다. 우리가 은행에 돈을 맡기면 그것이 몇 번이고 대출되고 수거되면서 엄청난 숫자로 늘어납니다. 그렇기에 우리 사회에서 존재하는 화폐의 92~96%는 정부가 생산한 것이 아니라 은행제도가 만들어낸 신용에 의한 것입니다. 한마디로 은행은 남의 돈으로 돈을 버는 격입니다. 이렇게 돈이 많이 풀리니 부작용으로 물가가 올라가는 것도 당연합니다.

은행도 파산할 수 있다.

이 사실을 알게 되면 군중들은 흥분하고 화를 냅니다. 맡긴 돈을 찾겠다고 한꺼번에 찾아오게 되면 은행 시스템은 붕괴합니다. 모든 나라의 은행들이 이 정책을 시행하므로 온 국민이 맡긴 돈을 일시에 찾는다면 돌려줄 돈이 없어 파산하게 됩니다.

▍ 2015년 7월 그리스 아테네에서의 뱅크런.

　역사상 돈을 한꺼번에 찾으려고 은행에 줄을 섰던 사건이 수없이 많이 있었습니다. 이것을 뱅크런이라고 합니다. 금융시장이 극도로 불안하거나 국제정세가 위태로울 때 은행에 맡긴 돈을 제대로 받을 수 없을지도 모른다는 공포감에서 발생하는 현상입니다. 하지만 대개는 모든 사람이 돈을 빌려 모든 사람이 한꺼번에 돈을 찾으러 오는 것은 아니므로, 예금자들이 찾을 것을 대비하여 은행은 일부의 돈만을 가지고 있습니다. 우리가 언제든지 은행에서 돈을 찾는 것은 내가 찾을 때 다른 사람들도 함께 돈을 찾지 않기 때문에 가능한 일입니다. 그래서 우리나라 은행은 예금자보호법에 따라 금융상품의 원금과 소정의 이자를 합하여 1인당 최고 5천만 원까지만 보호하고 있습니다. 극단적인 주장을 하는 사람들은 이 시스템을 빨리 파괴해야 한다고 합니다.

기획된 불평등

　하지만 긍정적으로 보면 은행이 있기에 자본이 없는 사람이 돈을 빌려 창업도 할 수 있고, 집도 사고, 작은 자동차를 사서 행상이라도 할 수 있습니다. 은행 시스템이 없었다면 그런 꿈을 이루기까지 오랜 기간 돈을 모아야만 하는 어려움도 있을 것입니다.

　내가 은행에 진 빚을 갚으려면 뭔가를 해서 돈을 벌어야 합니다. 그 돈은 은행에서 빌린 대출금일 확률이 높습니다. 대개 이런 행위를 경제활동이라고 합니다. 능력이 있는 사람은 일하고, 장사하거나 서비스를 제공하고, 아이디어를 빌려주어서 돈을 법니다. 그렇게 해서 그걸 갚으면 또 은행은 그 돈을

사례탐구　뱅크런

　금융시장이 불안정하게 되면 은행에 돈을 예금한 사람들은 누구나 불안감을 느끼게 됩니다. 그 결과 자신의 돈을 지키기 위하여 많은 예금자가 한꺼번에 예금인출을 하는 것이 뱅크런입니다. 대규모 예금인출 사태라고 부르기도 합니다.

　우리나라의 경우 가까운 2011년 저축은행들이 비리와 영업 부진으로 영업정지를 당했습니다. 그로 인해 예금자들로부터 은행에 대한 신뢰와 믿음이 떨어져 예금자들은 안전한 곳에 돈을 맡기기 위하여 대규모로 돈을 찾아간 적이 있습니다.

　1997년 IMF 구제금융 신청 때도 종합금융사들의 연쇄 부도로 뱅크런이 있었습니다.

빌려줍니다.

여기에서 두 가지 시각이 있습니다. 은행이 돈을 빌려주고 이자를 받기에 경제가 활성화하고 경제 규모가 늘어나고 삶이 윤택해진다는 긍정적인 시각이 하나입니다. 하지만 모든 사람이 성공적으로 돈을 벌고 잘살게 되는 건 아닙니다.

또 다른 하나 부정적인 시각은 모든 능력 있는 사람들이 은행 빚을 갚으면 결국 마지막에 은행 빚을 못 갚고 희생되는 사람이 있을 수밖에 없다는 것입니다. 앞에서 설명했듯이 자본주의 국가는 가진 돈의 총량보다 더 많은 돈이 있어야 굴러가기 때문입니다. 그 사람들은 경제 사정에 어두운 사람, 대책 없이 돈을 빌려 쓴 사람, 돈벌이 능력이 부족한 사람일 가능성이 높습니다.

우리의 경제활동은 긍정적으로 보면 경제 규모를 키우고 개개인이 풍족한 삶을 유지하는 것이기도 하지만, 부정적으로 보면 다른 이의 돈을 내 것으로 만들기 위해 경쟁을 하는 꼴입니다. 내가 망하지 않으려면 세상의 제한된 돈 가운데 일부를 내 지갑에 넣어야 합니다.

이 모든 건 보이지 않는 엄청난 괴물이 만들어낸 시스템의 결과라고 보는 시각도 있습니다. 그렇다면 이 괴물은 어디에서 온 걸까요? 이 괴물의 탄생을 알려면 영국과 프랑스 사이에서 벌어졌던 워털루 전투로 돌아가야 합니다.

- 맡긴 금보다 더 많이 보관증을 발행하는 방법은 사라지지 않고 전수되었다.
- 유대인들이 가장 민감하게 이 분야에서 관심을 보였다.
- 지급준비제도는 은행을 이용해서 없던 돈을 만드는 방법이다.
- 우리 사회에 존재하는 화폐의 92~96%는 신용에 의한 것이다.
- 은행은 맡긴 돈의 극히 일부만 가지고 있다.
- 이 제도로 경제가 활성화하고 규모가 늘어나고 삶이 윤택해진다는 긍정적인 시각이 있다.
- 이 제도로 경제 사정에 어두운 사람이나 대책 없이 돈을 빌려 쓴 사람은 망한다는 부정적인 시각도 있다.

1813년 라이프치히 전투에서 나폴레옹은 패배합니다. 그
결과 황제 자리에서 쫓겨나 엘바섬으로 추방되었
습니다. 그대로 그의 정치 생명은 끝날 것 같았습니다. 하지만 기회를 타서
나폴레옹은 엘바섬을 탈출해 7,000명의 군대를 이끌고 1815년 3월 20일 파리
에 입성했습니다. 그는 제국의 부활을 선언하고 동맹국에 공존을 주장했습
니다. 그러나 프랑스의 세력이 커지는 것을 두려워한 유럽의 여러 나라는 연
합하여 각 방향에서 프랑스를 향해 군사를 보냅니다. 나폴레옹의 정치적 야
욕이 유럽을 두려움에 떨게 만들었기 때문입니다. 그리고 또 프랑스 제국을

해체하면 얻을 수 있는 영
토와 이권이 더 컸기 때문
에 연합국은 일제히 나폴
레옹에게 맞섰습니다.

이때 결정적인 마지막
전투가 워털루 전투였습
니다.

▌나폴레옹 보나파르트.

워털루 전투의 승자, 로스차일드

1815년 벌어진 워털루 전투에서 영국은 은행가 로스차일드의 금전적 지원 아래 전쟁을 하고 있었습니다. 자고로 전쟁은 경제 싸움입니다. 모든 무기, 군인들의 인건비, 그들이 먹고 입고 자는 행동 하나하나에 큰돈이 듭니다. 전쟁이 이어지면서 돈이 필요했던 영국 정부는 은행들에서 돈을 빌렸습니다. 국가가 돈을 빌린다는 건 한마디로 국가가 채권을 발행하는 것입니다. 나중에 이자를 붙여 돈을 돌려준다는 약속의 증표가 국가 채권입니다. 줄여서 우리는 이를 국채라고 부릅니다.

이때 떼돈을 번 사람들이 로스차일드 가문의 사람들이었습니다. 그들이 돈을 쓸어 담을 수 있었던 무기는 정보 조작이었습니다. 로스차일드 사람들은 전쟁이 터졌을 때 이미 정보원을 사방에 심어놓고 프랑크푸르트-파리-런던-빈-나폴리 등 주요 도시를 잇는 정보망을 구축해 놓고 있었습니다. 이 정보망 덕에 정보의 조작이 가능했던 것입니다. 로스차일드는 워털루 전투에서 영국군이 이겼다는 정보가 영국으로 가기 하루 전에 정보원들을 통해 영국군이 졌다는 거짓 첩보를 먼저 보냅니다. 영국의 국채를 샀던 사람들은 그 소문을 듣고 크게 낙담했습니다. 이제 영국 정부가 망해서 자신들의 영국 국채를 다시 사주지 못할 것으로 보았기 때문입니다. 영국 정부에 꿔준 돈의 이자는커녕 원금도 돌려받지 못할 것 같게 되자 사람들은 자신들이 가진 국채를 헐값에 내다 팔기 시작했습니다. 그 결과 국채의 가격은 폭락했습니다.

이 국채를 대량으로 헐값에 사서 손에 틀어쥔 것이 유대계 은행가인 로스차일드였습니다. 이들은 이미 영국이 승전했다는 진실을 알고 있었기 때문입니다. 이때 영국 국채는 그전까지의 가격의 5%밖에 안 되는 금액이었습

■ 로스차일드 가문의 문양.

니다. 이건 사실상 영국이라는 한 국가를 통째로 공짜로 사는 거나 마찬가지였습니다. 다음 날 영국 정부는 공식적으로 프랑스군이 패배했다는 소식을 전했습니다. 그러자 갑자기 급반전이 일어났습니다. 국채를 팔았던 사람들은 땅을 치고 후회하였습니다. 하지만 때는 이미 늦었습니다. 반대로 그들의 손해는 누군가의 이익이었으니 로스차일드 가문은 20배나 되는 이득을 챙겼습니다. 훗날 이 사실 자체가 헛소문이라는 주장이 있고, 반대로 이 헛소문조차 로스차일드 가문이 퍼뜨린 거라는 또 다른 주장도 있습니다.

정치인들이 뒤늦게 이 사실을 알았지만, 방법이 없었습니다. 로스차일드에게 나라를 넘겨줄 수밖에 없는 상황이 되어 버린 것입니다. 영국 국민이 영국 정부에 세금을 납부하는 것은 곧 로스차일드에게 빚을 갚는 것과 같은 의미가 되었습니다. 영국 정부가 로스차일드 가문에게 국가의 빚을 갚을 방법은 국민들의 세금을 거두어들이는 방법밖에 없기 때문입니다. 영국 국민은 이 사실을 전혀 알지 못했습니다. 하지만 이로써 국가의 부를 거머쥔 은행가들은 심지어 영국을 누가 통치하든지 상관없다고까지 큰소리쳤습니다.

토머스 제퍼슨, 통화발행권과 지급준비제도를 지켜내다.

이러한 은행가들의 음모와 비법은 얼마 후 당시 신흥국인 미국으로 건너가게 되었습니다. 로스차일드 은행이 미국을 점령하기 위해 온 것입니다. 미국의 꿈은 자유국가입니다. 식민지를 거쳐 독립운동을 하면서 제국주의의 속박을 끊고 모든 사람이 자유로운 나라를 만들길 희망했습니다.

은행가들은 미국조차도 영국처럼 자신들의 손아귀에 넣고 싶어 했습니다. 물론 저항하는 세력도 있었습니다. 이때 미국 건국의 아버지 토머스 제퍼슨과 몇몇 사람들은 나라를 이들 세력으로부터 지키려고 싸웠습니다. 새로운 나라 미국에 중앙은행이 필요하다고 주장하는 자들이 집요하게 목소리를 높일 때, 사립 은행이 미국의 통화발행권을 갖도록 허락하면 안 된다고 제퍼슨은 제지했습니다. 그렇게 되면 후손들이 거지가 될 때까지 은행에 돈을 갚아야 한다고 했습니다.

| 토머스 제퍼슨.

사립 은행이 통화발행권을 갖는다면 돈이 필요할 때마다 아무 대가 없이 **윤전기**를 돌려 돈을 마구 찍어도 된다는 소립니다. 그리고 많아진 통화량을 지급준비제도를 통해서 더 알차게 이용하면, 더 많은 인플레이션을 일으켜 자신들의 배를 채울 수 있습니다. 그렇게 통화량이 많아지면 물가가 뛰고, 예전에 1,000원 하던 햄버거가 1,100원이 된다는 소리고, 우리는 가만히 앉아서 우리 돈 1,000원이 9

백 원 정도의 가치를 지니게 되는 꼴을 속수무책으로 바라볼 수밖에 없습니다. 다시 말해 국민들이 눈 뜨고 코 베이는 격입니다.

앤드루 잭슨, 은행을 죽이다.

제퍼슨은 이런 주장을 했지만 보이지 않는 괴물에게 지원을 받은 반대자들은 중앙은행을 가져야 한다고 계속 주장했습니다. 중앙은행을 자신들이 설립해야 통화발행권과 지급준비제도를 합법화할 수 있기 때문입니다. 끈질긴 은행가들은 앤드루 잭슨 대통령 때 다시 한번 국가 장악의 음모에 시동을 걸었습니다. 하지만 앤드루 잭슨 역시 그들의 주장을 받아들이지 않았습니

▌ 앤드루 잭슨.

다. 앤드루 잭슨은 미국의 제7대 대통령입니다. 군 출신이자 독립투사인 그는 미국 대통령 역사상 첫 아일랜드계이면서 귀족 출신이 아닌 최초의 대통령입니다.

강인하면서 힘과 권력에 굴하지 않는 그의 성격은 어린 시절 영국군에게 포로가 되었을 때부터 나타났습니다. 영국군 장교가 자신의 군화를 닦으라고 하자 거절한 것입니다. 그 결과 화가 난 영국군 장교가 칼을 휘둘러 잭슨의 왼손에 흉터가 생겼습니다.

1832년 대통령에 재선된 잭슨은 거대 정부를 바라지 않았습니다. 잭슨 대

통령은 미국 정부에서 설립한 미합중국 제2은행을 적대시했습니다. 그 이유는 제2은행이 각 주의 독자적인 재정을 **빼앗을** 것이고, 서민들이 빚에 시달릴 거라고 예견했기 때문입니다. 그는 자신의 정치 생명을 걸고 이례적으로 은행에 저항했습니다.

잭슨 대통령은 제2은행의 특허갱신을 거부합니다. 이것은 너무나 커다란 혁신이었습니다. 대통령이 법안을 거부한다는 건 명확히 위헌의 가능성이 있거나 여론에 완전히 반대되는 법안일 경우에나 가능한 것이기 때문입니다. 의회가 이것을 반발했지만, 대통령의 거부권을 뒤집지는 못했습니다. 제2은행은 결국 연방 정부의 보증을 받지 못해 궁지에 몰린 뒤 마침내 파산하고 맙니다.

잭슨은 임기 동안 각 주의 권리를 중요하게 여겼습니다. 중앙정부의 힘이 세지는 걸 원치 않았던 것입니다. 그로 인해 이때의 미국은 연방 정부가 **균형재정**을 유지했습니다. 물론 부채도 많지 않았습니다. 한마디로 은행의 빚을 갚기 위해 세금을 더 걷거나 돈을 더 찍는 일이 없었던 것입니다.

앤드루 잭슨이 죽을 때 가장 큰 업적을 물었더니 그는 이렇게 답했습니다.

"내가 은행을 죽였다."

그것이 그의 마지막 말이었습니다. 그리고 금본위제로 금과 같이 동등하게 바꿀 수 있는 돈만을 유통시키면서 미국의 경제를 발전시켰습니다. 마천루를 세우며 세계 일등 국가가 될 수 있게 하였습니다. 그러나 은행가들은 포기하지 않았습니다. 이들은 모든 국가를 자신의 손아귀에 넣고 싶었기 때문입니다.

알아 두기

미합중국 제2은행

　미합중국 제2은행(Second Bank of the United States)은 제1은행(First Bank of the United States)이 중앙은행권을 잃고 5년 후인 1817년에 연방 정부의 인가를 받은 상업은행입니다. 1817년 2월부터 1836년 1월까지 20년간 존속했습니다. 이때 영국과의 전쟁으로 심한 인플레이션에 시달렸던 미국은, 군사비를 충당할 목적으로 미합중국 제2은행을 인가했습니다.

　미합중국 제2은행은 중앙은행의 역할은 했지만, 국영 은행이 아니라 민간 은행이었습니다. 정부의 주식 지분은 고작 20%였습니다. 그런데도 연방 정부의 세금을 보관하는 등 특혜를 받고 있었습니다. 1833년 9월 잭슨 대통령이 미합중국 제2은행에 더는 정부의 자금을 맡기지 않기로 하는 집행 명령을 발표했고, 그 자금을 각 주의 공인 은행에 맡김으로써 미국의 제2은행은 문을 닫았습니다.

간추려 보기

- 나폴레옹과의 전쟁은 돈의 전쟁이었다.
- 프랑스와의 전쟁에서 자금을 마련하기 위해 영국 정부는 국채를 발행했다.
- 이때 로스차일드 가문이 조작된 정보로 큰 부를 차지했다.
- 당시 은행가들은 국가의 부를 장악하고 싶어 했다.
- 신흥국 미국에서도 중앙은행을 만들어 부를 장악하려는 음모가 있었다.
- 앤드루 잭슨은 그런 움직임을 온몸을 던져 막았다.
- 그 결과 미국의 재정은 건전했다.

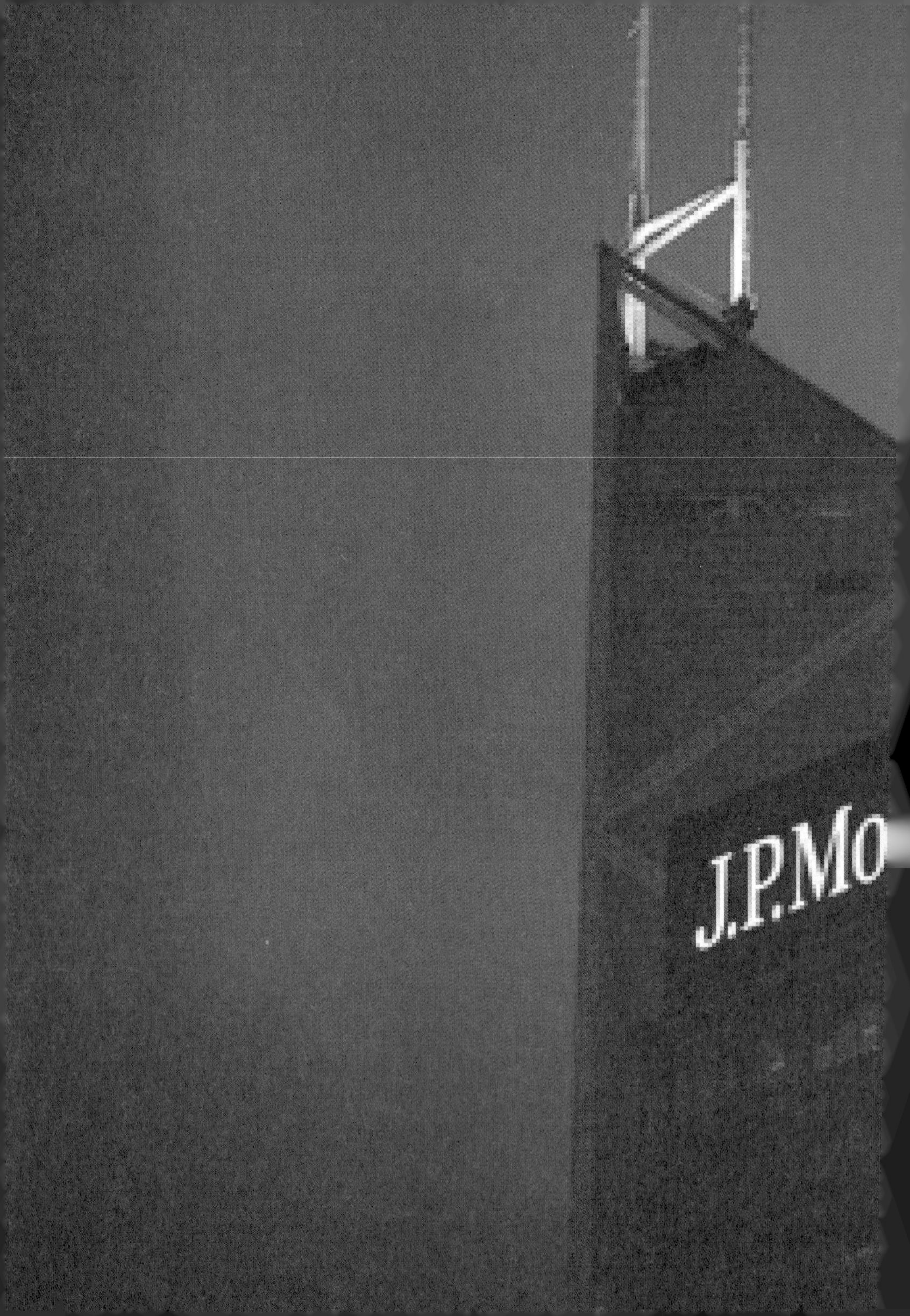
J.P.Mo

6장 중앙은행의 장악

보이지 않는

괴물은 한 번 실패했지만 포기는 하지 않았습니다. 돈에 관한 열망을 포기한 적은 인간의 역사 이래로 한 번도 없었습니다. 그들은 미국이라는 신흥국가의 재정과 돈의 흐름과 경제를 손에 쥐고 싶어 했습니다. 영국에서 그러했듯이 이들은 이번에는 미국을 갖고 싶었던 것입니다. 이들은 음모를 현실화하기 위해 끊임없이 시도를 했습니다. 꿈을 이룰 때까지 그들의 노력은 굽힐 줄을 몰랐습니다.

비밀모임

그들은 아무도 몰래 모임을 소집했습니다. 조지아주 해안가에 있는 부호 J.P. 모건의 별장에 은밀히 하나둘씩 모였습니다. 이때가 1910년이었습니다. 이 모임은 정말 비밀스러웠습니다. 은밀히 별장에서 모인 것부터가 그들의 모임의 성격이 순수하지 않음을 방증하는 것입니다. 그들은 정부나 신문, 방송이 자신들의 음모를 만천하에 공개할까 두려웠던 것입니다. 심지어 이들은 서로의 신분을 알지 못하게 하려고 이름 대신 코드명을 사용하기까지 했습니다.

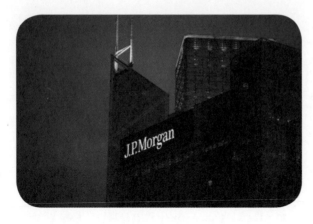

이 모임을 이끈 J.P. 모건은 그 당시 미국에서 최고로 돈을 많이 가진 사람입니다. 그가 은행가들을 불러 모아 국가재정을 장악하기 위한 음모를 꾸몄습니다. 처음에 이들 사이에는 의견대립이 있었습니다. J.P. 모건이 가장 많은 돈을 가졌기 때문에 자기가 비밀결사의 의장이 되어야 한다고 했습니다. 하지만 석유 재벌이었던 록펠러는 반대하고 나섰습니다. 미국의 모든 기름은 자기 소유라는 겁니다. 이때 이들은 거의 산업상의 독점적인 지위를 차지하여 엄청난 부를 모으고 있었습니다. 서로 비밀은행의 지도자가 되겠다고 다투었습니다.

공익성을 가장한 연방은행

그들의 결론은 어느 산업재벌도 연방은행을 개별적으로 운영해서는 안된다는 것입니다. 과거 중앙은행을 만들었다가 실패한 경험을 거울삼아, 이들은 누구 한 사람이나 한 조직이 연방은행을 이끈다는 사실이 알려지면 제거당하고 연방은행마저도 존립할 수 없다는 사실을 깨달았습니다. 연방은

J.P. 모건

┃ 존 피어폰트 모건.

존 피어폰트 모건(John Pierpont Morgan, 1837~1913)은 미국의 은행가입니다. 남북전쟁 시절 무기를 팔고 사서 막대한 부를 축적합니다. 그뿐만 아니라 모건은 시세 차익으로 큰 이익을 보기도 합니다. 남북전쟁 시절 북군이 우세하면 금 가격이 내려가고 남군이 우세하면 금값이 천정부지로 뛰어올랐던 걸 이용한 것입니다. 모건과 친한 북부군 지휘관 듀폰 덕분에 미리 전황을 알 수 있어서 가능한 일이었습니다.

이후 모건은 철도 회사에 투자하고 웨스턴 유니언이라는 전신회사를 장악합니다. 이때 통신 내용을 도청하여 얻은 정보로 돈을 벌고 전신전화에 관계된 모든 회사를 집어삼켜 미국 전신회사(AT&T)를 설립합니다. 한마디로 사업과 돈을 위한 일이라면 물불 안 가리는 모습을 보입니다.

아버지가 죽은 후 1895년 사명을 JP 모건 회사로 바꾸고, 영국의 로스차일드에게 철도 회사 주식을 양도한 뒤 뉴욕 센트럴 철도 회사의 대표도 맡습니다.

행을 공동으로 운영하면서, 연방은행이 국가가 운영하는 것처럼 착각하도록 만드는 전략을 구사하였습니다. 그래서 국민이 연방은행의 주인이라고 생각하게 하는 전략을 짰습니다. 연방은행이 가진 공익성을 강조하고 연방은행이 나라와 경제와 개인에게 도움을 주는 조직이라는 식으로 홍보 전략을 짠 것입니다. 그래서 연방은행을 연방준비제도(Federal Reserve System, FRS)라

고, 누구나 연방은행이 사립이 아닌 국립 내지는 연방 기관인 것처럼 착각할
수 있도록 이름에 연방(Federal)이라는 단어를 넣었습니다.

그들은 이 목적을 실행하기 위하여 혼란을 조장하기로 했습니다. 혼란
이 가열될 때 그들은 국가재정을 장악하기로 한 것입니다. 대통령까지도 자
기들 사람이었기 때문에 가능한 계획이었습니다. 중앙은행에 연방이라는 이
름을 넣기로 한 것도 이때의 전략이었습니다. 그들이 연방은행을 세우려고
하는 이유는 통화발행권과 지급준비제도를 합법적으로 장악하기 위해서입
니다.

마침내 연말연시에 모든 국민의 관심이 크리스마스와 가족 모임에 빠져
있을 때, 이들은 반역적인 법안을 만들었습니다. 그리고 새롭게 대통령에 당
선된 우드로 윌슨에게 법안을 제출합니다. 윌슨 대통령 역시 은행가들의 손
아귀에 들어간 사람이었습니다. 선거 자금을 받았기 때문입니다. 윌슨은 대
통령으로 당선되기도 전에 법안에 서명하기로 약속했었습니다. 연말연시라
사람들의 관심이 들뜨고 다른 곳을 향하고 있을 때, 윌슨은 대통령에 취임
하자마자 중앙은행 인가 서류에 서명하였습니다.

포식자, 연방준비제도

그 결과 연방준비제도는 마침내 미국의 통화발행권을 장악했습니다. 겉
으로는 독립이지만 실상은 어느 조직에도 속하지 않는 것입니다. 그 뒤부터
연방준비제도는 돈을 은행과 정부에 빌려주고 이자를 받고 있습니다. 점점
더 많은 이자를 받기 위해서 점점 더 많은 달러를 찍어내야 하는 악순환에
달러는 빠져들었습니다. 그래서 달러의 가치는 계속 떨어졌습니다.

미국 국민이 내는 돈 모두가 미국의 정부나 국가로 가지 않습니다. 국세청(Internal Revenue Service, IRS)을 통해 연방준비제도의 이사회로 가고 있습니다. 심하게 말하면 미국 국세청은 미국 정부가 연방준비제도에 빚을 갚는 도구입니다.

이것이 개인들에게 무슨 영향을 끼치는 걸까요? 생각이 단순한 사람들은 돈을 많이 가지고 있었다면 집을 빼앗길 일도 없었다고 생각할 것입니다. 은행에 돈을 많이 넣어 두었더라면 신용불량자가 될 일도 없다고 생각할 것입니다. 그런다고 문제가 해결될까요? 돈을 많이 갖고 있다는 것이 과연 문제 해결의 열쇠일까요?

여기에는 은행의 거대한 음모가 숨겨져 있습니다. 과거에는 집을 한 채 사는 데 100만 원, 200만 원이면 가능했습니다. 그런데 지금 집값은 말도 되지 않을 정도로 비쌉니다. 그만큼 인플레이션이 일어나 돈의 가치가 떨어졌기 때문입니다. 과거에 샀던 집을 그대로 갖고 있어 이를 지금 판다면 엄청난 돈을 벌게 됩니다.

하지만 그렇게 돈을 벌도록 정부가 놔두지 않습니다. 국세청이 상당수의 금액을 세금으로 빼앗아 갑니다. 모든 돈거래는 세금을 내야 하기 때문입니다. 그러면서 나의 재산, 다시 말해 우리가 가진 돈의 가치가 떨어졌습니다. 집을 판 돈으로 다시 그 집을 살 수도 없습니다. 집 이야기가 막연하게 느껴진다면 가정을 예로 들어봅시다. 과거엔 아빠가 돈을 벌어오면 그걸로 온 식구가 먹고살았습니다. 하지만 지금은 아빠가 돈 벌고, 엄마도 일하는 것은 물론, 자녀들이 아르바이트까지 해도 살림은 나아지지 않습니다. 소득이 물가를 따라잡기 점점 힘들기 때문입니다. 그런데 세금은 점점 늘어납니다. 세금이 줄었다는 이야기를 들어보셨나요?

국세청과 인플레이션은 늘 같이 움직입니다. 인플레이션으로 부풀어진 돈의 가치를 국세청은 세금으로 걷어 갑니다. 우리나라도 아파트값이 상승하면, **종합부동산세** 등으로 세금을 더 많이 걷습니다. 우리는 과거보다 더 부자가 될 수 없습니다. 세금 내는 것을 모두 다 싫어하지만, 인플레이션으로 물가가 높아지면 높아질수록 국세청은 돈을 많이 가져갈 수 있습니다. 이것이 바로 법칙입니다. 이익이 늘어나 세금을 더 내는 것이 아니라 물가가 높아져서 거래 금액이 늘어났기 때문에 세금을 더 많이 내는 것입니다. 다시 말해 같은 가치에 관한 세금을 더 많이 내고 있는 것입니다. 국세청은 우리의 세금을 통해서 우리를 가난하게 만들고 있습니다. 그 배후에는 연방준비제도가 있고, 연방준비제도 뒤에는 은행들이 있습니다. 이 은행들과 맞서 싸

워야 합니다. 은행의 시스템을 우리는 필요 없다고 요구할 수 있어야 합니다. 은행에 저항해야 한다는 강경론도 있습니다.

존 F. 케네디의 저항과 좌절

이 사실을 알고 바로잡으려던 대통령이 있었습니다. 그 이름은 바로 존 F. 케네디. 그는 국민에게 이 사실을 알리려 노력했습니다.

"국민 여러분, 우리는 거대하고 무자비한 음모에 둘러싸여 있습니다."

그는 이렇게 말했습니다. 케네디 대통령이 우리 집과 무슨 관계가 있냐고 생각할지 모르지만, 연방은행을 저지하려고 노력한 마지막 대통령이 바로 그였습니다. 그는 1963년 6월 4일 대통령령 11110호에 서명했습니다. 그 명령

▌ 존 F. 케네디.

은 연방은행을 폐지하고 통화발행권을 재무부로 돌려주는 내용이었습니다. 연방준비제도를 해체하려는 강력한 계획이었습니다. 그대로만 되었다면 연방준비제도는 해체되었을 것입니다.

그러나 6개월 뒤 케네디 대통령은 댈러스에서 암살당하고 말았습니다. 아직도 그의 죽음에는 의혹이 남아 있습니다. 그의 죽음에 관한 조사 서류는 공개 불가로 보관되어 있습니다. 부통령이었던 린든 존슨은 대통령직을 승계한 후, 케네디가 만들었던 그 법안을 폐기했습니다. 그 뒤로 어떤 대통령도 비밀 권력에 대항하지 못했습니다. 거대한 음모를 다 밝힐 순 없었던 것입니다.

은행들은 그 뒤로 천문학적인 액수의 돈을 찍어내며 극소수의 이익을 위해서 국가를 부도내기도 하고, 국민의 돈을 세금이라는 명목으로 뜯어내고 있습니다. 이들은 엄청난 혜택을 받고 있습니다. 너무나 거대하면서도 극악한 존재들입니다.

더 큰 문제는 이 사실을 국민 대다수는 모르고 있다는 점입니다. 화폐가 어떻게 굴러가는지 관심도 없습니다. 소수의 힘과 돈을 가진 자들만이 이 사실을 잘 알고 있습니다. 돈이 흘러가는 길목을 잘 알고 있습니다. 그러다 보니 모든 부가 그들에게 편중되는 답답한 현실입니다. 따라서 우리는 더욱 정신을 바짝 차려야 합니다.

- 보이지 않는 괴물들은 비밀모임에서 혼란을 조장하기로 모의했다.
- 우드로 윌슨이 새로운 법안에 서명하여 연방준비제도는 마침내 미국의 통화발행권을 장악했다.
- 인플레이션으로 부풀어진 돈의 가치는 국세청이 세금으로 빼앗아 간다.
- 이 모순을 바로잡으려는 세력은 크나큰 저항에 직면한다.
- 은행들은 거액의 돈을 찍어내며 극소수의 이익을 위해서 봉사하고 있다.
- 국민 대다수는 이 사실을 모르거나 무관심하다.

7장 우리들의 대처방식과 마음의 자세

미국 뉴욕의 월가에서는 서브프라임 모기지 사태 이후 '월가를 점거하라(Occupy Wall Street)'라는 시위가 벌어졌습니다. 2011년 9월 17일 월가에서 진행된 대규모 시위입니다. 누구나 알다시피 뉴욕은 세계 최강국 미국의 경제 수도입니다. 월가는 그중에서도 뉴욕의 경제 중심 도로입니다. 이곳에 시위대가 몰려와 주코티 공원에서 밤을 새우면서 대중 토론이 열렸습니다. 이 공원도 시위대의 본부가 되었습니다. 전 세계에서 시위를 응원하는 물품이 도착했습니다. 이로 인해 전 세계 다른 도시에서도

▌ 월가의 시위.

비슷한 시위가 퍼져나갔습니다. 그들의 구호는 이것입니다.

"우리는 미국의 부자 1%에 저항하는 99% 시민의 견해를 대변한다."

"상위 1%가 미국 전체 부(富)의 50%를 손에 쥐고 있다."

"아침마다 일어나서 방값, 끼니 걱정을 하지 않게 해 달라."

사례탐구 **서브프라임 모기지 사태**

미국 경기는 2000년대 초반부터 악화합니다. IT 거품 현상의 붕괴, 9·11 테러에 이은 아프가니스탄 전쟁과 이라크 전쟁 때문입니다. 미국은 경기

를 살리려고 초저금리 정책을 펼칩니다. 그러자 주택융자 금리가 인하되면서 부동산가격이 올라갑니다. 주택담보대출인 서브프라임 모기지의 대출금리보다 집값이 더 빨리 오르니 사람들은 너도나도 집을 사기 시작했습니다. 그러다 보니 증권이

■ 담보로 잡혀 출입이 금지된 주택.

되다시피 한 서브프라임 모기지론이 높은 수익률을 올리게 되고 거래량이 폭증했습니다.

그러나 2004년 금리가 오르면서 부동산 거품이 꺼집니다. 저소득층의 대출자들은 대출금을 제대로 갚지 못하게 됩니다. 이 과정에서 은행은 손해를 크게 보고 기업들이 부실해집니다. 곧이어 미국의 금융사와 증권회사가 파산하게 되고, 그로 인해 세계의 신용이 경색되어 경제에 나쁜 영향을 미치게 됩니다. 그래서 2008년 이후에 세계금융위기가 오게 되었으니, 이것이 서브프라임 모기지 사태입니다.

은행의 음모

이상에서 우리는 중앙은행의 비밀과 음모를 알게 되었습니다. 우리가 늘 사용하고 모으려 하는 돈에, 생각보다 더 엄청난 힘과 음모가 엉켜 있다는 사실을 깨달았습니다. 그대로 놔두면 우리 대다수의 삶을 파괴할 수도 있습니다. 이 사실을 몰랐다면 모르지만, 알게 된 이상 가만히 있을 순 없습니다. 깨어 있는 사람이라면 문제가 있을 때 그 문제를 해결하려고 노력하는 것이 당연합니다. 어떤 사람은 이것을 역사의식이라고도 부르고, 어떤 사람은 문제의식이라고도 부릅니다. 모두 다 현재의 내 삶을 가로막는 문제를 해결하려 노력하는 마음의 자세를 뜻합니다.

화폐와 은행의 역사가 여기까지 흘러왔습니다. 이 문제가 언제 터질지는 아무도 모릅니다. 드문드문 작은 문제가 발생해서 금융위기가 오는 것을 우리는 최근에 경험하기도 했습니다. 빚을 갚지 못해 **모라토리엄**을 선언하는

▎ 은행의 음모는 현재진행형이다.

나라도 있습니다. 그때마다 준비되어 있지 않은 사람들은 큰 고통을 받았습니다. 이제 더는 그런 고통을 받지 않으려면 어떻게 해결해야 할까요?

관심과 예방

방법은 두 가지로 나눌 수 있습니다. 거시적인 방법과 미시적인 방법. 거시적인 방법으로는 국가와 중앙은행의 세력이 단단히 결탁해 있다는 것을 알았기 때문에 그 고리를 끊도록 노력해야 합니다. 그러기 위해서 먼저 우리는 국가의 재정과 그들의 돈 씀씀이에 늘 관심을 가지고 지켜보며 정보를 공개하도록 요구해야 합니다. 많은 국민이 관심과 지식을 가지고 살펴본다면, 어느 국가나 정부도 돈과 부채의 관계를 섣불리 다룰 순 없습니다. 국민이 깨어 있으며 문제의식을 느끼고 감시한다는 것을 알면, 예산 낭비와 국가부채의 무분별한 증가도 막을 수 있습니다. 국가가 빚을 줄이고 꼭 필요한 곳에 예산을 지출하며 세금도 적절하게 거둘 수 있게 하는 것이 이상적인 해결책 가운데 하나입니다.

또한, 세계 경제와 정세는 급변하고 있습니다. 경직된 방식에 의한 돈벌이에 급급해서는 안 됩니다. 4차 산업혁명이 대두하고 있으며 첨단 IT 기술이 세계 경제를 이끌고 있습니다. 전 세계가 경제적인 이익을 위해 발 벗고 뛰고 있습니다. 우리나라와 우리 국민도 거시적인 시각으로 글로벌 분야에서 돈벌이가 될 수 있는 새로운 방향으로 정책을 조정하고 결정된 분야에 매진해야 할 것입니다.

그뿐만 아니라 국가의 경제력을 강화하기 위해서, 자원의 낭비를 방지하고 저출산과 고령화를 예방해야 합니다. 바람직한 방향으로 정책을 구사하여 인구가 줄어드는 것을 막고 사회가 고령화하더라도 자신에게 맞는 일을 찾아 경제활동을 하여, 후세대에 부담을 주지 않도록 해야 합니다.

이를 위해서는 국민이 경제와 돈의 흐름, 자본 등에 관한 교육을 받아야 합니다. 국가와 정부의 교육만으로는 미흡합니다. 그럼 결국 우리 개개인이 노력하며 공부하면서 관심을 가질 수밖에 없습니다. 문맹은 생활을 불편하게 하지만 금융 문맹은 생존을 불가능하게 한다고 합니다. 어려서부터 유대인처럼 제대로 된 교육을 받고 경제관념을 지니고 어느 것이 나은지를 선택하고 토론하며 논쟁할 수 있다면, 우리의 미래는 좀 더 나은 곳을 향해 나아갈 수 있습니다. 돈에 관하여, 자금의 흐름에 관하여 잘 알고 있는 소수의 부자만이 돈을 버는 것을 더는 눈뜨고 내버려 둬서는 안 됩니다.

▌ 금융 교육이 절실하다.

노력과 변화

이런 것들이 거시적인 방향이라면 미시적인 방향은 개인이나 가계에서 할 수 있는 것입니다. 일단 개개인은 열심히 일하며 경제활동을 해야 합니다. 경제활동을 한다는 것은 그만큼 자신의 노력으로 미래를 준비할 수 있다는 뜻이기 때문입니다. 일하면 빚을 지지 않고 수입도 생기지만, 무직으로 있으면 빚을 져야 하고, 수입도 없게 됩니다. 건전한 노동의 가치는 참으로 소중한 것임을 잊어선 안 됩니다.

그리고 그러한 노동을 오래 할 수 있도록 자신이 일하는 분야의 전문성을 기르고 항상 주변 상황을 돌아보며 세상 돌아가는 것에 맞추어 자신을 변화시킬 수 있어야 합니다. 끊임없이 다가오는 변화를 적극적으로 받아들

▌ 경제활동에 종사하면서 전문성을 길러야 한다.

여야 합니다.

또한, 과소비를 줄이고 헛된 물욕이나 허세를 멀리해야 합니다. 과소비와 허세를 줄인다면 우리는 좀 더 돈으로부터 자유로워질 수 있고, 보이지 않는 괴물에게 도전할 수 있습니다.

그뿐만 아니라 기업도 공정한 처우개선을 통해 노동자들을 배려해주고, 그들이 안정적으로 일할 수 있는 여건을 마련해 주어야 합니다.

적극적인 참여

앞으로 공유의 시대가 오고 있습니다. 집이라든가 자동차, 각종 생활기기가 이제 더는 개인의 소유물이 아닌 공유하는 시대가 옵니다. 실용적인 사고방식으로 무장하여 실학자들이 주장했던 이용후생, 실사구시를 실현하여야 합니다. 실용적이며 현실적인 재테크와 자신의 자금관리를 할 수 있어야 합니다. 그리고 정부의 부당한 정책이나 잘못된 세금 집행에 대해 항의하며 목소리를 높일 수 있는 시민으로서의 문제의식을 느끼는 것도 중요합니다. 월가를 점령하라는 시위도 캐나다의 반소비지상주의 잡지 〈애드버스터즈(Adbusters)〉의 호소로부터 시작되었습니다.

이처럼 우리가 깨어 있으면서 국가의 정책을 바꿀 수 있는 영향력 있는 민주 시민이 된다면, 개개인의 노력이 합쳐져 좀 더 건전한 국가 경제를 만들 수 있을 것입니다. 문제의식이 해결책을 찾는 실마리이며, 가깝게는 내가 살고 싶은 집을 은행에 뺏기지 않고 행복하게 사는 방법을 찾는 첫 출발점입니다.

- 은행의 음모를 그대로 놔두면 우리 대다수의 삶이 위험해진다.
- 현재의 내 삶을 가로막는 문제를 해결하려는 문제의식을 우리는 가져야 한다.
- 국가와 은행 간의 부정한 연결고리를 끊어야 한다.
- 국가의 재정에 관심을 가지고 감시해야 한다.
- 돈의 건전한 흐름이 일어나도록 국민이 정부와 함께 노력해야 한다.
- 경제와 돈의 흐름, 자본 등에 관한 교육이 국민에게 절실하다.
- 근면 성실하게 일하고 과소비를 줄여야 한다.
- 다가오는 시대에 관심을 가지고 변화를 받아들여야 한다.

용어 설명

균형재정　경상적 지출과 경상적 수입이 같아서 균형이 잡힌 재정 상태.

금리　빌려준 돈이나 예금 따위에 붙는 이자. 또는 그 비율.

모라토리엄　전쟁, 지진, 경제 공황, 화폐 개혁 따위와 같이 한 나라 전체나 어느 특정 지역에 긴급 사태가 발생한 경우에 국가 권력의 발동에 의하여 일정 기간 금전 채무의 이행을 연장하는 일.

배금주의　돈을 최고의 가치로 여기고 숭배하여 삶의 목적을 돈 모으기에 두는 경향이나 태도.

세라믹　고온에서 구워 만든 비금속 무기질 고체 재료. 유리, 도자기, 시멘트, 내화물 따위를 통틀어 이른다.

액면가　화폐나 유가 증권 등의 표면에 적힌 가격.

유대인　히브리어를 사용하고 유대교를 믿는 민족. 고대에는 팔레스타인에 거주하였고, 로마 제국에 의하여 예루살렘이 파괴되자 세계 각지에 흩어져 살다가 1948년에 다시 팔레스타인에 이스라엘을 세워 살고 있다.

윤전기　인쇄기의 하나. 원통형의 판면과 이와 접촉하면서 회전하는 원통 사이에 둥글게 감은 인쇄용지를 끼워 인쇄한다. 한 번에 양면을 인쇄하므로 신문, 잡지 따위와 같이 많은 양을 인쇄할 때 쓴다.

융자　자금을 돌려씀. 또는 그 자금.

전세　부동산의 소유자에게 일정 금액을 맡기고 그 부동산을 일정 기간 빌려 쓰는 일. 또는 그 돈.

종합부동산세　재산세의 하나. 일정 기준을 초과하는 토지와 주택 소유자에 대해 국세청이 별도로 누진 세율을 적용하여 부과한다.

중과　부담이 많이 가게 매김.

중산층　재산의 소유 정도가 유산 계급과 무산 계급의 중간에 놓인 계급. 중소 상공업자, 소지주, 봉급생활자 등이 이에 속

한다.

통화정책 통화의 수량을 늘리거나 줄여서
국내의 경제 흐름을 통제하고 조절하려
는 정책. 금리 정책, 공개 시장 조작, 지
급 준비율 변경 정책 등이 있다.

화폐경제 화폐를 매개로 상품이 교환되고
유통되는 경제.

연표

기원전 7세기	소아시아에서 주화 일렉트럼을 사용했다.
기원전 3세기	동아시아에서 명도전이 화폐로 통용되었다.
1815년	워털루 전투에서 나폴레옹이 패했다. 이때 로스차일드는 영국의 국채를 장악했다.
1819년	영국이 세계 최초로 금본위제를 시행했다.
1836년	앤드루 잭슨 대통령이 거부권을 행사하여 미합중국 제2은행이 인가 만료되었다.
1910년	J.P.모건을 비롯한 은행가들이 비밀리에 미국의 중앙은행의 설립을 모의했다.
1913년	우드로 윌슨 대통령이 연방준비제도 도입에 서명했다.
1914년	제1차 세계대전이 발발하면서 금본위제가 무너졌다.

1929년	세계 대공황이 발생했다.
1963년	연방준비제도의 통화발행권을 재무부로 돌려주려던 존 F. 케네디 대통령이 암살당했다.
1997년	우리나라가 IMF에 구제금융을 요청했다.
2007년	미국의 초대형 모기지론 대부업체들이 파산하는 서브프라임 모기지 사태가 발생했다.
2008년	서브프라임 모기지 사태가 국제금융시장에 신용경색을 야기하여 세계금융위기로 이어졌다.
2011년	금융위기를 초래한 월가의 무능과 부의 편중을 규탄하는 대규모 시위가 월가에서 벌어졌다.

더 알아보기

한국은행 http://www.bok.or.kr

효율적인 통화신용정책의 수립과 집행을 통해 물가안정을 목표로 하는 대한민국의
중앙은행이다. 화폐 발권은행이기도 하다.

한국 국세청 http://www.nts.go.kr

내국세의 부과·감면 및 징수에 관한 사무를 관장하는 대한민국의 중앙행정기관이다.

JP 모건 http://www.jpmorganchase.com

세계에서 가장 오래된 금융 기업 중 하나로, 본사는 미국 뉴욕에 있다. 오늘날 뱅크
오브 아메리카, 씨티그룹, 웰스 파고와 함께 미국의 4대 은행으로 불리고 있다.

연방준비제도 http://www.federalreserve.gov

미국의 중앙은행 제도다. 대통령이 임명하고 상원이 승인한 이사 7명으로 이루어진 연방준비제도이사회(FRB)에 의해 운영되며, 정부로부터는 철저한 독립성을 보장받고 있다.

미국 국세청 http://www.irs.gov

미국의 연방 정부 기관 중 하나로, 연방 세금에 관한 집행 징수를 주관한다. 재무부의 산하기관으로, 워싱턴 D.C.에 본부를 둔다.

찾아보기

내인생의책은 한 권의 책을 만들 때마다
우리 아이들이 나중에 자라 이 책이 '내 인생의 책'이라고 말할 수 있는 책을 만들고자 합니다.

세상에 대하여 우리가 더 잘 알아야 할 교양

㉔ 은행의 음모 은행에 돈을 맡겨도 될까?

고정욱 지음

초판 인쇄일 2018년 11월 7일 | 초판 발행일 2018년 11월 16일
펴낸이 조기룡 | 펴낸곳 내인생의책 | 등록번호 제10-2315호
주소 서울시 서초구 나루터로 60 정원빌딩 A동 4층
전화 (02) 335-0449, 335-0445(편집), 512-0449(디자인) | 팩스 (02) 6499-1165
편집 백재운 이지훈 | 디자인 위하영

ISBN 979-11-5723-425-7 (44300)
          979-11-5723-416-5 (세트)

책값은 뒤표지에 있습니다. 잘못된 책은 구입처에서 바꾸어 드립니다.

이 도서의 국립중앙도서관 출판시도서목록(CIP)은 e-CIP 홈페이지(http://www.nl.go.kr/ecip)에서 이용하실 수 있습니다.
(CIP제어번호: 2018034369)

내인생의책에서는 참신한 발상, 따뜻한 시선을 가진 원고를 기다리고 있습니다. 원고는 내인생의책
전자우편이나 홈카페를 이용해 보내 주세요. 여러분의 소중한 경험과 지식을 나누세요.

전자우편 bookinmylife@naver.com | **홈카페** http://cafe.naver.com/thebookinmylife

어린이제품 안전 특별법에 의한 제품 표시

제조자명 내인생의책 | **제조 연월** 2018년 11월 | **제조국** 대한민국 | **사용연령** 5세 이상 어린이 제품
주소 및 연락처 서울시 서초구 나루터로 60 정원빌딩 A동 4층 (02) 335-0449 | **담당 편집자** 백재운